KB195407

천일합일을 추구한 일생

남명 선생 연보

남명선비문화총서 03

천일합일을 추구한 일생

남명 선생 연보

2024년 12월 30일 초판 1쇄 펴냄

엮은이 한국선비문화연구원
펴낸이 김흥국
펴낸곳 보고사

책임편집 김태희
표지디자인 김규범

등록 1990년 12월 13일 제6-0429호
주소 경기도 파주시 회동길 337-15 보고사
전화 031-955-9797 팩스 02-922-6990
메일 bogosabooks@naver.com
http://www.bogosabooks.co.kr

ISBN 979-11-6587-760-6 94910
     979-11-6587-756-9 (세트)
ⓒ한국선비문화연구원, 2024

정가 17,000원

남명선비문화총서 03

천일합일을 추구한 일생

남명 선생 연보

한국선비문화연구원 엮음

발간사

오늘날 한국 사회에서 무엇보다 절실히 필요한 것이 선비정신이다. 이는 앞날을 걱정하는 원로들의 한결같은 말씀이다. 그것은 전통적 가치를 회복하자는 차원을 넘어 우리 사회의 미래가 심히 걱정되기 때문이다. 선비란 어떤 사람인가? 사화가 극심하던 16세기, 지조  와 절개를 지키며 나라를 걱정하고 백성을 사랑한 지성인을 가리킨다. 조선 선비는 마음을 성찰하고 사욕을 극복하여 하늘을 우러러 한 점 부끄러움이 없는 사람이 되고자 하였다. 이런 선비들이 사는 세상이 문화강국이다.

유교는 수기치인(修己治人)의 가르침이라 말한다. 그런데 공자는 한 걸음 더 나아가 '자신을 수양하고서 남을 편안히 해주는 사람(修己安人)'을 군자(君子)라고 하였다. 군자는 사적인 이익보다 공적인 이로움을 우선시하며 의리를 먼저 생각하는 사람으로, 조선 선비들이 지향하던 인간형이다.

16세기 남명 조식 선생은 사화기에 벼슬에 나가는 것을 단념하고 도를 구해 기강을 부지하려고 공자의 제자 안회(顔回)처럼 극기

복례를 실천하였다. 수신공부가 잘 되지 않자, 경의검을 차고 다니며 사욕을 베어냈고, 성성자를 차고 다니며 정신을 또렷이 하였다. 그것도 모자라 공자·주자의 초상화를 그려 세워두고서 스승이 옆에 계신 것처럼 엄숙히 하였다. 선생은 수신을 통해 덕성을 드높이면서 권력자와 당당히 맞섰고, 임금에게도 '임금은 의로워야 합니다', '마음을 바르게 하고 수신하세요'라고 아뢰있다. 이것이 선비정신이다.

세상이 어지럽고 도가 무너지던 시대의 학자들은 선생을 모신 덕천서원에 찾아와 절을 올리고 시대를 바로 세울 방안을 물었다. 서원이 훼철된 뒤에는 산천재를 선생의 도가 보존된 곳으로 여겼다. 그 산천재 옆에 설립된 한국선비문화연구원은 시대적 소명을 저버리지 않기 위해 남명선비문화총서를 지속적으로 간행할 예정이다. 다시 이 땅에 선비문화가 찬란히 꽃피울 날을 간절히 염원한다.

한국선비문화연구원 원장
최구식 씀

책을 내면서

남명 선생의 연보는 정인홍의 문인 문경호(文景虎, 1556~1619)가 처음 만들기 시작한 듯하다. 경상국립대학교 남명학고문헌시스템에 그가 만들던 미완성 「남명선생연보」(문천각 古B91H남34ㄴ, 필사본 1권)가 있는데, 박인(朴絪, 1583~1649)이 편찬한 「남명선생연보」와 비교해 보면, 잘못 편입된 부분이 다수 발견되어 미완성 작품임을 한눈에 알 수 있다. 박인이 이를 토대로 「연보」를 편찬했는지는 알 수 없으나, 기사 제목이 상당수 동일한 점으로 보아 연관성이 전혀 없지는 않은 듯하다. 두 본을 비교해 보면, 문경호가 편찬한 「연보」보다 박인이 편찬한 「연보」가 정제되어 있어 뒤에 만든 것을 알 수 있다. 따라서 남명 선생 연보는 문경호가 처음 편찬을 시도하였으나 완성하지 못하였고, 그 뒤 박인이 완성된 연보를 편찬한 것으로 보인다.

박인이 편찬한 「남명선생연보」도 판본에 따라 조금씩 차이가 있다. 가장 초기본으로 보이는 것이 박인이 살던 합천군 용주면 조동(釣洞) 벽한정(碧寒亭)에 소장하고 있던 수고본(手稿本)으로, (사)남명학연구원에서 1995년에 간행한 『남명학연구논총』 제3집에 수록되어 있다. 이와는 달리 박인 사후에 간행된 것으로 추정되는 필사본 『산해사우연원록(山海師友淵源錄)』(『남명학연구논총』 제2집 부록) 앞에 「남명선생연보」가 있는데, 이 역시 벽한정 수고본(手稿本)으로 알려져 있다. 편의상 전자를 '벽한정 수고본1'로, 후자를 '벽한정 수고본2'로 칭하기로 한다. 이 두 본의 차이는 '수고본2'가 '수고본1'에 비해 정제되어 있어서 뒤에 만들어진 것을 알 수 있다.

그런데 '벽한정 수고본2'는 1814년 박인의 후손이 간행한 박인의 시문집인 『무민당집(無悶堂集)』(한국문집총간 속21) 권5에 실린 「남명선생연보」와 비교해 보면 약간의 차이가 있는 것을 발견할 수 있다. 또한 박인이 편찬한 것을 부분적으로 교정하여 1700년 덕산에서 『남명선생별집(南冥先生別集)』을 간행하면서 권1에 「남명선생연보」를 수록하였는데, '수고본2' 및 『무민당집』 「남명선생연보」와 비교해 보면 약간의 차이를 발견할 수 있다. 이에 대해서는 오이환 교수의 「『산해사우연원록』의 출판」(『남명학연구논총』 제2집, 1992)과 강동욱 박사의 「남명의 연보와 편년 고찰」(『남명학연구』 제44집, 2014)을 통해 그 이유를 알 수 있다.

지금까지 남명학을 공부하는 사람들은 대부분 1897년 『남명선생전집』을 간행하면서 새로 만든 「남명선생편년(南冥先生編年)」을 참조하였다. 이 「남명선생편년」은 조원순(趙元淳) 등이 주도하여 이건창(李建昌)의 서문을 받아 편찬한 것이다. 이 「남명선생편년」은 1980년 한학자 이익성(李翼成) 선생이 번역하여 세상에 유통되었다. 이 「남명선생편년」은 이전에 만든 「남명선생연보」에 비해 수정하거나 새로 삽입한 것이 다수 발견되어 보완한 점이 있다.

그러나 한편으로는 상당한 문제점이 발견된다. 예컨대 18세 조에 "「연보」에 '〈남명선생이〉 부친을 모시고 단천군에서 남쪽으로 돌아왔다'고 한 것은 잘못 파악한 듯하다."라고 한 것은 이전에 만든 「연보」의 잘못을 지적하였다는 점에서 의미가 있다. 그러나 성운(成運)이 지은 제문을 근거로 '잘못 파악한 듯하다'고만 하였을 뿐, 명백한 오류라고 단정 짓지 못하였다. 이에 대해『중종실록』1520년 6월 29일 자 기사에 대사간 서지(徐祉)가 "단천군수 조언형(曺彦亨)을 조정의 관직에 주의(注擬)하지 마소서."라고 간언한 것을 보면, 조언형은 1518년 단천군수를 그만두고 한양으로 돌아온 것이 아니라, 여전히 단천군수로 재직하고 있었음을 확인할 수 있다.

　「남명선생편년」18세 조에는 이전의 「연보」에 없던 단천군에서 공부하던 것을 다수 삽입해 놓았다. 첫째는 대접에 물을 담아 양손으로 받쳐 들고 밤새도록 엎질러지지 않게 하였다는 것이고, 둘째는 허리띠에 성성자라는 쇠방울을 차고 다녔다는 것이고, 셋째는 글을 볼 적에 10줄을 한꺼번에 읽었다는 것이고, 넷째는 경전은 물론 제자백가와 역사 등을 두루 섭렵하였다는 것이고, 다섯째는 문장과 공업으로 한 시대를 뛰어넘고자 하였다는 것이다. 이러한 기사는 모두 성운이 지은 「묘비문」, 정인홍과 김우옹이 지은 「행장」에 있는 것을 18세 조에 임의로 삽입한 것이다. 이러한 사실이 모두 18세 때 단천군수에서 공부하던 모습이라고 신뢰할 수는 없다. 더구나 남명은 단천군에 기거할 때 고을 기생과 사랑을 나누었다는 설화가 있으니, 이런 공부 자세와는 상반된다.

이런 점을 보면 1897년에 만든 「남명선생편년」은 그 기사를 그대로 믿을 수 없는 점이 발견된다. 아무래도 호방불기하던 18세의 남명이 '과연 성성자를 차고 다니며 환성공부(喚醒工夫)에 전념하였을까?'는 의심이 든다. 또한 남명은 당시 과거공부에 매진하고 있었는데, '제자백가 및 실용적인 학문에 관심을 두었다'는 것도 사실과 부합하지 않을 듯하다. 그러므로 이러한 부분은 초기에 만들어진 「남명선생연보」와 비교해 그 사실 여부를 논구할 필요가 있다.

이런 점에서 「남명선생연보」를 번역할 필요성이 제기된다. 본 번역서는 1700년 덕산에서 『남명선생별집』을 간행하면서 수록한 「연보」를 저본으로 하였다. 그것은 박인이 편찬한 「남명선생연보」를 일부 수정하여, 박인의 『무민당집』에 실린 「남명선생연보」 및 벽한정에 소장된 '수고본' 「남명선생연보」와 글자의 출입이 있기 때문이다. 이 책의 뒤에는 수고본 및 『무민당집』 「남명선생연보」와 차이 나는 점을 도표로 제시하였으니, 이를 통해 수정한 흔적을 확인할 수 있을 것이다.

아무쪼록 이 책을 통해 남명 선생의 생애를 보다 객관적이고 합리적으로 인식하고 고찰하는 데 도움이 있기를 기대한다.

2024년 10월 1일
한국선비문화연구원 부원장
최석기 씀

차례

일러두기

1. 이 책의 번역은 1700년에 간행한 『남명선생별집』(1982, 아세아문화사 영인본) 권1
   에 수록되어 있는 「연보」를 저본으로 하였다.

2. 「세계(世系)」는 남명 선생의 생애를 이해하는 데 도움을 주기 위해 함께 번역하
   였으며, 이는 『남명선생별집』에 수록되어 있다.

3. 연호(年號)와 연도[干支], 남명 선생의 나이, 기사 제목은 각각 위계에 따라 표기
   를 달리하여 구분하였다.

4. 현대인이 이해하기 쉽게 번역하였으며, 고전 용어와 관직·지명·인명에는 미주로
   주석을 달아 이해를 도왔다.

5. 원문 대조표는 번역 저본인 『남명선생별집』의 「연보」를 박인이 편찬한 「남명선
   생연보」(수고본1, 수고본2, 『무민당집』「남명선생연보」) 및 1897년에 편찬한 「남명
   선생편년」과 상호 비교한 것이다.

6. 이 책에 쓰인 괄호 기호의 쓰임은 다음과 같다.

   - 【 】: 원문에 소자(小字)로 쓰인 내용
   - 〈 〉: 역자가 독자의 편의를 위해 추가한 내용
   - ( ) : 한자의 병기나 단어 설명
   - [ ] : 음가가 다른 경우

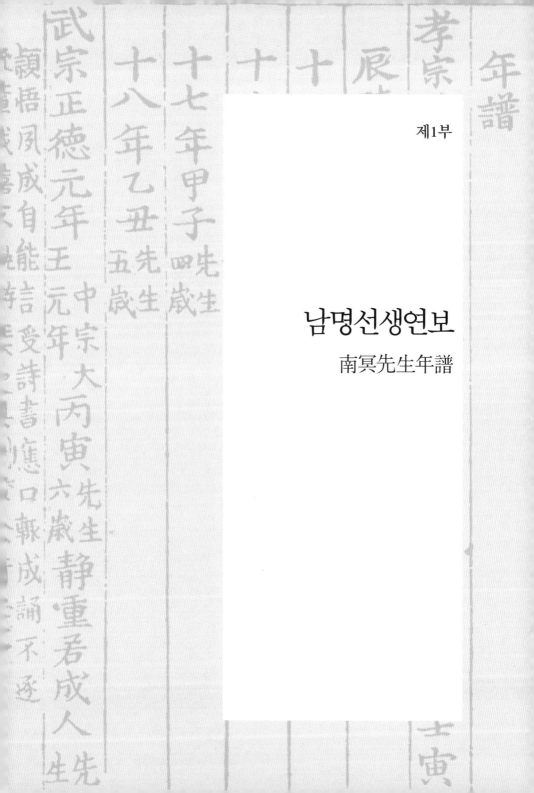

제1부

남명선생연보

南冥先生年譜

01

남명선생연보˙
번역문

명(明)나라 효종(孝宗) 홍치(弘治) 14년 (연산군 7) 신유년(1501)

◎ 6월 26일 임인일 진시(辰時: 7~9시)에 선생이 삼가현(三嘉縣) 토동(免洞)¹에서 태어났다.

【태어나면서부터 총명하며 용모가 순수하였다.】

홍치 15년 임술년(1502) 선생 2세

홍치 16년 계해년(1503) 선생 3세

• 박인(朴絪)이 편찬한 『남명선생연보(南冥先生年譜)』는 합천군 조동(釣洞) 벽한정(碧寒亭)에 소장된 후손들이 '수고본(手稿本)'이라고 주장하는 필사본 「남명선생연보」(『남명학연구논총』 제3집 부록 영인)가 있고, 이를 수정하여 『산해사우연원록』과 함께 간행한 필사본 「남명선생연보」(『남명학연구논총』 제2집 부록 영인)가 있고, 1814년에 간행한 『무민당집』 권5에 실린 「남명선생연보」(『한국문집총간』 속 제21책)가 있고, 1700년에 간행한 『남명선생별집』에 실린 「연보」가 있다. 이 번역은 1982년 아세아문화사에서 영인한 『남명선생별집』 권1에 실린 「연보」를 저본으로 하였다.

홍치 17년 갑자년(1504) 선생 4세

홍치 18년 을축년(1505) 선생 5세

명나라 무종(武宗) 정덕(正德) 원년 (중종대왕 원년) 병인년(1506) 선생 6세

◎ **어른처럼 정숙하고 신중하였다.**

【선생은 영특하고 일찍 성숙하였다. 말을 하기 시작할 때부터 시
(詩)와 글[書]을 배웠는데, 문구를 일러주면 곧바로 암송하였다. 또
래 아이들을 따라다니며 어울려 놀지 않았고, 장난감에 손대지 않았
다. 부친 판교공(判校公)²이 기특하게 여기고 사랑하였다.】

정덕 2년 정묘년(1507) 선생 7세

정덕 3년 무진년(1508) 선생 8세

정덕 4년 기사년(1509) 선생 9세

◎ **병이 나서 자리에 누워있을 적에 모부인(母夫人)³의 근심을 너그럽게
위로하였다.**

【선생이 병이 났는데 바야흐로 위태로워지자, 모부인의 근심이 안색
에 드러났다. 선생이 몸을 추스르고 기운을 내어 '조금 나아졌다'고
거짓으로 말하였다. 또 고하기를 "하늘이 사람을 낼 적에 어찌 이유
없이 냈겠습니까? 지금 저는 다행히 남자로 태어났으니, 하늘이 반
드시 저에게 부여한 바가 있을 것입니다. 어찌 오늘 갑자기 요절할

생가

생가-외토리 마을 전경

까 근심하십니까?"라고 하였다. 듣는 사람들이 기특하게 여겼다.】

정덕 5년 경오년(1510) 선생 10세

정덕 6년 신미년(1511) 선생 11세

정덕 7년 임신년(1512) 선생 12세

정덕 8년 계유년(1513) 선생 13세

정덕 9년 갑술년(1514) 선생 14세

정덕 10년 을해년(1515) 선생 15세

정덕 11년 병자년(1516) 선생 16세

정덕 12년 정축년(1517) 선생 17세

정덕 13년 무인년(1518) 선생 18세

◎ 선대부(先大夫: 曺彦亨)를 모시고 남쪽으로 돌아왔다.

【선대부가 단천군수(端川郡守)⁴를 지냈는데, 단천군수에서 체직되어 남쪽으로 돌아올 적에 선생이 모시고 왔다.⁵】

정덕 14년 기묘년(1519) 선생 19세

【이해 남곤(南袞)·심정(沈貞)·홍경주(洪景舟) 등이 정암(靜庵) 조
선생(趙先生: 趙光祖)[6]을 모함하여 한 시대의 명현(名賢) 중에 유배
되거나 벼슬길이 막힌 사람이 수십 명이나 되었다. 선생은 이에 현
인의 벼슬길이 기구함을 알았다.】

정덕 15년 경진년(1520) 선생 20세

◎ 사마시(司馬試)에 모두 합격하였다.[7] 또 문과(文科) 한성시(漢城試)에 합
격하였다.[8]

정덕 16년 신사년(1521) 선생 21세

◎ 사마시를 그만두었다.[9]

【이해 기묘제현(己卯諸賢)에게 죄를 더하였다.[10] 선생이 스스로 말
하기를 "과거시험은 애초 장부가 발신할 길이 못 되는데, 하물며 이
소과(小科)[11]야 말해 무엇 하겠는가."라고 하고서, 드디어 사마시에
응시하지 않았다. 다만 동당시(東堂試)[12]에 응시하여 세 차례 1등을
하였다. 선생은 시사(時事)를 보고 세상사에 휩쓸리고 싶지 않았으
나, 판교공이 매번 과거공부를 권면하였기 때문에 동당시까지 모두
그만둘 수는 없었다.】

명나라 세종(世宗) 가정(嘉靖) 원년 임오년(1522) 선생 22세

◎ 부인 조씨(曺氏)에게 장가들었다.

【부인의 본관은 남평(南平)이며, 충순위(忠順衛)[13] 조수(曺琇)의 딸

이다. 대대로 김해(金海)에 살았다.】

가정 2년 계미년(1523) 선생 23세

가정 3년 갑신년(1524) 선생 24세

가정 4년 을유년(1525) 선생 25세

◎ 성현(聖賢)의 학문에 오로지 뜻을 두었다.

【선생이 벗과 함께 산속에서 학업을 익힐 적에 『성리대전(性理大全)』[14]을 읽다가 노재(魯齋) 허형(許衡)[15]이 "이윤(伊尹)[16]의 지향에 뜻을 두거나 안자(顏子)[17]의 학문을 배워 세상에 나가면 큰일을 함이 있고 물러나 은거하면 자신을 지킴이 있어야 한다. 장부는 이처

「사성현도」 남명기념관 소장

럼 해야 한다. 세상에 나아가 하는 것이 없고, 물러나 은거하며 자신을 지키는 바가 없으면 지향한 것과 배운 것을 장차 무엇 하겠는가.”[18]라고 한 대목에 이르러, 이에 과거 공부가 옳지 않다는 것을 비로소 깨닫고 마음에 자괴감이 들어 등에 땀이 흘렀다. 밤새도록 잠자리에 들지 못하다가 이른 아침 벗에게 작별 인사를 하고 집으로 돌아갔다. 이로부터 성현의 학문을 하기로 마음을 굳게

『성리대전』
국립중앙박물관 소장

먹고 육경·사서 및 주자(周子)[19]·정자(程子)[20]·장자(張子)[21]·주자(朱子)[22]의 글을 강론하고 암송하였다. 하루 종일 공부하고 다시 밤까지 이어졌으며, 고심하여 정밀함을 극도로 하고 끝까지 궁구하며 본지를 탐색하였다. 당시 사림이 참혹한 화를 당한 뒤인지라 사습(士習)이 투박하고 사치하여 술에 취해 꿈속에서 헤매듯 몽롱한 풍조가 생겼다. 그리하여 사람들은 도학을 큰 시장 안의 평천관(平天冠)[23]처럼 볼 뿐만이 아니었는데, 선생은 이런 시류를 돌아보지 않고 분연히 일어나 만 길의 우뚝한 정신을 수립하였다.】

◎ 옛 성현의 초상화로 병풍을 만들었다.[24]

【대성(大聖: 孔子) 및 염계(濂溪: 周敦頤)·명도(明道: 程顥)·회암(晦庵: 朱熹)의 초상을 손수 그리고, 배접해서 4폭의 병풍을 만들어 늘 책상 옆에 펼쳐두고서 용모를 정숙하게 하고 마주하였다. 병풍은 지금까지 남아 있다.】

가정 5년 병술년(1526) 선생 26세

◎ 3월 판교공의 상을 당하였다. 영구를 모시고 돌아와 고향(삼가현)의 산에 장사 지냈다.

【당시 판교공은 제주목사(濟州牧使)에 임명하는 명이 막 있었는데, 병이 나서 부임하지 못하였다. 드디어 '병을 핑계로 험난한 곳을 피하려 한다'는 모함을 받아 관작을 모두 삭탈당하였다. 염(殮)을 하고 다음 달에 선생이 임금에게 원통함을 호소하자, 승문원 판교 이하의 관작을 회복하라고 명하였다. 선생이 한양에서 영구를 모시고 돌아와 삼가(三嘉)의 선영(先塋)25 아래에 장사 지냈다. 묘소 곁에서 여묘살이하였는데, 상복을 벗은 적이 없고 여막(廬幕) 밖으로 나간 적이 없었다.】

가정 6년 정해년(1527) 선생 27세

가정 7년 무자년(1528) 선생 28세

◎ 상복을 벗었다. 판교공의 묘갈명을 지었다.

【판서 이준민(李俊民)26이 말하기를 "선생이 우리 외조부[曺彦亨]를 위해 묘갈명을 지었는데, 남곤(南袞)27이 보고 놀라서 감탄하기를 '세상에 보기 드문 고문(古文)이다. 문장은 고문의 법도에 맞고, 의리는 정자(程子) 집안의 가전(家傳)에 근본하여 글을 지은 것이 인륜에 맞고 원망하면서도 어지럽지 않으니, 여러 장점이 모두 모여 있다'고 했다."라고 하였다.】

【○ 남곤의 사람됨은 노여워할 만하고 침을 뱉을 만하지만, 문장에

조언형의 묘

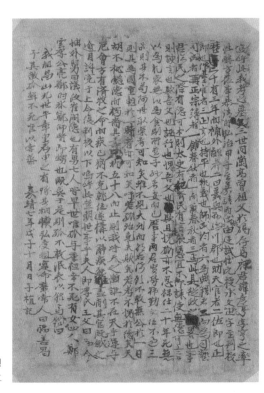

남명 친필 조언형묘갈명
경상남도 유형문화유산 제410호

있어서는 경험이 많은 노숙한 농부나 노련한 말처럼 지혜가 있었으니, 사람이 흉악하다는 이유로 그의 말까지 폐기할 수는 없다.】

가정 8년 기축년(1529) 선생 29세

【○ 6월 문정왕후(文定王后)가 왕비에 책봉되었다.[28] 선생이 일찍이 말하기를 "윤임(尹任)[29]은 무식한 촌사람이고, 윤원형(尹元衡)[30]은 간교하여 예측할 수 없다."라고 하였다. 6월 그믐에 문정왕후가 입궁하였다. 7월 초하루에 큰 눈이 내렸다. 이때 윤원형의 기세가 조금 확장되어 세자(인종)는 고립되어 위태로움을 이미 느끼고 있었다. 대윤(大尹: 尹任)과 소윤(小尹: 尹元衡)의 세력이 서로 알력 다툼을 하려 하였는데 강약(强弱)이 이미 같지 않았다. 하늘이 꾸짖음을

자굴산 명경대

보인 것이 또한 이와 같았으니, 당시의 일을 알 만하다. 선생은 이로 인하여 벼슬길에 나가려는 생각을 끊고 산림에서 재능을 숨기고 학문을 하며 위기지학(爲己之學)[31]에 전념하였다. 나중에 의춘(宜春)[32]의 명경대(明鏡臺)[33]로 가서 우거하였다.】

가정 9년 경인년(1530) 선생 30세

◎ 금관(金官: 金海) 탄동(炭洞)[34]에 산해정(山海亭)을 지었다.

【선생은 집안 대대로 청빈하여 모친을 봉양할 길이 없었는데, 처가는 꽤 부유하였다. 이에 모부인을 모시고 김해로 가서 모친을 봉양하였다. 그리고서 신어산(神魚山) 아래에 산해정을 지었다. 산해정은 뒤로는 산이 있고 앞으로는 바다를 바라보아 그윽하면서도 광활하였다. 거처하는 방의 이름을 '계명실(繼明室)'[35]이라 하고, 좌우에 도서(圖書)를 쌓아두었다. 학문을 강마하고 덕을 축적하면서 외적인 일을 원하지 않았다.】

가정 10년 신묘년(1531) 선생 31세

◎ 이원길(李原吉: 李浚慶)이 보내준 『심경(心經)』[36] 뒤에 글을 썼다.

【상국(相國) 이준경(李浚慶)[37]은 자가 원길(原吉)로, 선생의 어릴 적 벗이다. 그가 『심경』 한 질을 보내며 말하기를 "내가 비록 선하지는 않으나, 남이 선을 행하도록 도우려는 마음은 참으로 얕지 않네."라고 하였다. 선생이 책을 받고 그 끝에 글을 썼다. 그 대략은 다음과 같다. "내가 처음 이 책을 받고 두려워서 마치 산을 짊어진 것 같았다. 항상 스스로 경계하기를 '떳떳한 말을 미덥게 하고 떳떳한 행실

김해 신산서원

산해정 현판

을 삼가서 사악함을 막고 진실한
마음을 보존하라. 산처럼 우뚝하
고 못처럼 깊숙하면, 만물이 피
어나는 봄날처럼 빛나고 빛나리
라'[38]라고 하여, 그 말을 써서 벽
에다 걸어두었으나 마음은 늘 머
나면 초(楚)나라·월(越)나라처
럼 이런 경계에서 까마득히 멀어
진 경우가 많았다. 마음은 죽고

『심경부주』
국립중앙박물관 소장

육신만 살아있다면 금수(禽獸)가 아니고 무엇이겠는가. 그렇다면
내가 이 군을 저버린 것이 아니고 곧 이 책을 저버린 것이며, 이 책을
저버린 것이 아니고 곧 내 마음을 저버린 것이다. 슬프기로는 마음
이 죽은 것보다 더 큰 것이 없다. 죽지 않는 약을 구하면 복용하는
것이 급하다. 이 책은 분명 마음을 죽지 않게 하는 약일 것이다. 꼭
복용하여 그 맛을 알고, 좋아하여 그 즐거움을 알아야 오래 살 수
있고 편안히 살 수 있을 것이다. 아침저녁으로 날마다 읽으면서 스
스로 그만두지 않아야 하니, 노력하여 게을리함이 없도록 하자. 안
자(顏子: 顏回)처럼 되는 길이 이 책 속에 있다."】

가정 11년 임진년(1532) 선생 32세

◎ 송규암(宋圭庵: 宋麟壽)[39]이 보내준 『대학(大學)』[40] 끝에 글을 썼다.

【규암의 이름은 인수(麟壽)이며, 선생의 벗이다. 『대학』 한 부를 선
생에게 보냈는데, 선생이 책을 받고 그 끝에 글을 썼다. 그 대략은

『대학장구대전』
국립중앙도서관 소장

다음과 같다. "나는 애초 부여받은 기운이 매우 천박하고, 또 스승과 벗들의 규계(規戒)도 없어서, 남들을 하찮게 여기는 것을 고상하게 여겼다. 남들을 깔봄이 있을 뿐만 아니라, 세상에 대해서도 깔보는 마음이 있어서, 부귀(富貴)와 재물의 이익을 보면 마치 풀과 진흙처럼 경시하였다. 사람됨이 경솔하여 고상한 척하며 항상 세상사를 초탈한 듯한 기상이 있었다. 이것이 어찌 돈후하고 진실하고 박실한 기상이겠는가? 날마다 소인(小人)의 영역으로 달려가면서도 스스로 알지 못하였다. 하루는 책을 읽다가 허씨(許氏:許衡)의 설을 보고서 문득 두려운 마음에 자신을 돌아보니, 부끄러우며 위축되어 망연자실하였다. 배운 것이 보잘것없어 일생을 거의 그르칠 뻔하고, 애초 인륜(人倫)의 일상사가 모두 본분에서 나오는 것인 줄 몰랐던 것에 대해 깊이 탄식하였다. 드디어 과거공부에 싫증이 나서 학문에 전념하여 점점 근본으로 나아가 몰입하였다. 이는 곧 어려서 집을 잃고 돌아갈 곳을 알지 못하다가 하루아침에 문득 자애로운 어머니의 얼굴을 뵙고서 자신도 모르게 손으로 춤을 추고 발을 구르는 것과 같았다. 벗 원길(原吉:李浚慶)이 이를 보고 기뻐하여 나에게『심경』을 보내주었고, 미수(眉叟:宋麟壽)는 이 책을 보내주었다. 이때에는 마치 저녁에 죽더라도 유감이 없을 듯하였다. 예전처럼 살면 소인이 되고, 나중에 깨달은 대로 살면 도를 들은 사람이 되니, 한 치의 기미를 옮기면 천 리만큼 어긋나게 된다. 실로 부귀를 경시하는 한 마음을 말미암아 사욕을 적게 하는 한 가닥 길을 열고 나올 수 있었다. 선을 행하는 것과 악을 행하는 것이 모두 반드시 터전이 있어서 오늘 씨를 뿌리면 내일 싹이 돋아나는 것과 같음을 바야흐로 알게 되었다. 다만 다리 힘이 쇠약하여 용감히 나아가고 힘써 실천할 수 없음이 두려울 뿐이다. 자신을 잘 돌이켜볼 수 있는 도구가 모두 이 책에 들어있는데 나의 벗이 이로써 나를 권면하니, 남이 선을 행하도록 도우려는 마음이 어찌 쇠를 끊을 수 있는 정도일 뿐이겠는가. 힘이 느슨하고 용맹함은 나에게 달려 있을 따름이니, 단순한 서책으로 보지 않아야 함이 옳을 것이다."】

◎ **한양의 거처를 영원히 떠나 김해에 거주하였다.**

【이전에는 한양을 왕래했으나 이때부터는 김해에 줄곧 거주하였다.】

◎ **성중려(成中慮: 成遇)[41]가 보내준 『동국사략(東國史略)』끝에 글을 썼다.**

【성우(成遇)는 자가 중려(中慮)로, 대곡(大谷)[42] 선생의 형이며, 선생과 뜻을 함께한 벗이다. 이 책을 귀향길에 주었는데, 선생이 받고 그 끝에 글을 썼다. 그 대략은 다음과 같다. "가정(嘉靖) 임진년(1532)에 내가 한양으로부터 가족을 데리고 김해 옛집으로 영원히 돌아올 적에 뜻을 함께하는 벗 성중려 군이 이 책을 주고 길이 작별하며 먼 시골에서 옛일을 상고할 수 있는 자료로 삼게 하였다. 나는 붉은 먹을 사용해 점을 찍어 산해정(山海亭)에 두었다. 산림에서 외로이 지내며

『동국사략』
국립중앙도서관 소장

산새가 손님이 되고 쇠파리가 위문할 적에
수시로 펼쳐보고 묵묵히 앉아 생각하니, 긴
상상이 어찌 끝이 있겠는가.”】

【○ 삼가 살펴보건대 '붉은 먹을 사용해 점
을 찍었다'는 것은 사람의 선악(善惡)을 분
별한 것으로, 순전히 선한 사람은 붉은 점
을 찍고, 완전히 악한 사람은 검은 점을 찍
고, 선한 가운데 악한 점이 있는 사람은 붉
은 테두리를 그리고 그 안에 검은 점을 찍
고, 악한 가운데 선한 점이 있는 사람은 검
은 테두리를 그리고 그 안에 붉은 점을 찍어 한눈에 명료하게 보이도
록 하였다는 말이다.】

가정 12년 계사년(1533) 선생 33세

◎ 가을에 향시(鄕試)⁴³에 응시하여 2등을 차지하였다.

【선생은 스스로 '세 차례 초시에서 1등을 차지하였다'⁴⁴고 하였는
데, 이때가 마지막 과거 응시이다. ○ 이해 가을 선생은 경상우도에
서 1등⁴⁵을 차지하였고, 퇴계(退溪)⁴⁶ 선생은 경상좌도에서 1등을
차지하였는데, 당시 사람들이 성대한 일이라고 여겼다.】

가정 13년 갑오년(1534) 선생 34세

◎ 봄에 명경시(明經試)⁴⁷에 응시했으나 합격하지 못하였다.

【선생은 이미 사마시의 공부를 그만두었으나 모친의 권유로 동당시

에 응시하였는데, 기축년(1529) 이후로는 과거에 대한 의지가 더욱 소원해졌다. 이때 이르러 비록 향시에 합격하였으나, 성리학에 전념하여 경서를 강론하고 암송하는 일을 일삼지 않았기 때문에 끝내 합격하지 못한 것이다.】

가정 14년 을미년(1535) 선생 35세

가정 15년 병신년(1536) 선생 36세

◎ 아들 차산(次山)이 태어났다.

【태어나면서부터 빼어나고 기이하였으며, 풍채와 골격이 범상치 않았다.】

가정 16년 정유년(1537) 선생 37세

◎ 모부인에게 청하여 동당시에 응시하지 않았다.

【선생은 이미 과거공부를 그만두었다. 이해에 이르러 드디어 모부인에게 청하고서 다시는 과거에 응시하지 않았다. 세상일을 사절하고 유유자적하면서 조용히 수양하여 조예가 더욱 정밀하고 깊어졌다. ○ 성대곡(成大谷:成運) 선생이 말하기를 "공은 지혜가 밝고 식견이 높아 세상에 나가고 물러나는 기미를 잘 살피었다. 일찍이 세도가 쇠퇴하여 인심이 타락하고 풍속이 각박하여 큰 교화가 무너지며 또 현인의 벼슬길이 기구하고 재앙의 기미가 잠복했다가 일어나는 것을 직접 보았다. 이런 때를 당하여 세도를 만회하고 세상을 교화하는 데 지향을 두었으나, 그의 도가 시대를 만나지 못해 끝내 자

신이 배운 바를 행하리라 기필할 수 없었다. 그러므로 과거에 응시하지 않고 벼슬을 구하지 않으며 꿈을 접고 물러나 산림에 은거하였다."라고 하였다.】

가정 17년 무술년(1538) 선생 38세

◎ 헌릉참봉(獻陵參奉)⁴⁸에 제수되었으나 나아가지 않았다.

【회재(晦齋) 이 선생(李先生)⁴⁹이 유일(遺逸)로 천거하였고, 이림(李霖)⁵⁰ 또한 선생을 천거하였다.⁵¹ 그러므로 이러한 명이 있었다.】

가정 18년 기해년(1539) 선생 39세

가정 19년 경자년(1540) 선생 40세

가정 20년 신축년(1541) 선생 41세

가정 21년 임인년(1542) 선생 42세

가정 22년 계묘년(1543) 선생 43세

◎ 회재 이 선생이 본도(경상도)의 감사가 되었다. 편지를 보내 선생을 만나기를 청했으나 선생은 사양하고 만나지 않았다.

【회재는 평소 선생의 훌륭한 명성을 들어 본도의 감사로 부임해 온 뒤 자주 편지를 보내 만나기를 청하였다. 선생이 사양하며 말하기를 "어찌 자신을 추천하는 과거 응시자가 있겠습니까. 다만 생각건대,

이언적의 독락당

예전의 어떤 분⁵²은 네 조정을 거치며 벼슬한 것이 겨우 46일뿐이 었습니다. 저는 상공께서 벼슬에서 물러나 고향으로 돌아가실 날이 머지않았음을 압니다. 그때 각건(角巾)⁵³을 쓰고 안강리(安康里)⁵⁴ 댁으로 찾아뵈어도 오히려 늦지 않을 것입니다."라고 하였다. ○ 회 재가 일찍이 사람들에게 말하기를 "내가 아직 벼슬에서 물러나지 않은 것을 조모(曺某: 曺植)가 기롱하였으니, 그의 기대를 저버린 것 이 부끄럽다. 운운."이라고 하였다.】

가정 23년 갑진년(1544) 선생 44세

◎ 6월 아들 차산(次山)이 요절하였다.

【아홉 살이었다. 일찍이 집에서 키우던 개들이 으르렁대며 먹이를

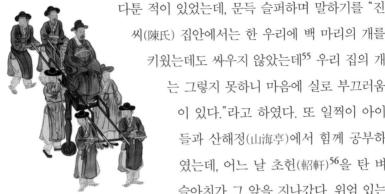

초헌을 탄 관리

다툰 적이 있었는데, 문득 슬퍼하며 말하기를 "진씨(陳氏) 집안에서는 한 우리에 백 마리의 개를 키웠는데도 싸우지 않았는데[55] 우리 집의 개는 그렇지 못하니 마음에 실로 부끄러움이 있다."라고 하였다. 또 일찍이 아이들과 산해정(山海亭)에서 함께 공부하였는데, 어느 날 초헌(軺軒)[56]을 탄 벼슬아치가 그 앞을 지나갔다. 위엄 있는 모습이 매우 성대하여 아이들이 앞다투어 구경하며 감탄하고 부러워하였으나, 차산은 홀로 멀리서 바라보며 말하기를 "장부의 사업이 어찌 저런 데 있겠는가."라고 하였다. 선생이 기이하게 여기고 사랑하였다. 그가 요절하자, 선생은 애통해하고 안타까워하였다. 일찍이 지은 시에 "해마다 길이 통곡하는 날, 6월 11일이라네."라고 하였다.】

◎ **이 군(李君)이 보내준 『심경(心經)』 끝에 글을 썼다.**

【이림(李霖)은 자가 중망(仲望)이며, 선생의 벗이다. 『심경』을 보내주어 선생이 그 끝에 글을 썼다. 그 대략은 다음과 같다. "나의 벗 이 군은 어질고 공손한 사람이다. 일찍이 '천하에는 버릴 재목이 없다'고 말했는데, 이런 마음을 미루어서 나처럼 못난 사람도 버리지 않고 『심경』 한 편을 보내주었으니, 남이 선을 행하도록 도우려는 뜻을 어찌 다 헤아릴 수 있겠는가. 사람으로서 이런 마음이 없다면 비록 온 천하에 그의 말이 가득하게 하더라도 성성이가 태어났다가

죽는 것에 지나지 않을 것이다. 갈팡질팡하며 부모의 상을 당하더라도 슬퍼하여 몸을 상할 줄 모르면서 오히려 상복을 입은 사람을 가리켜 이상한 사람이라 하고, 또 그로 인하여 그를 죽이거나 욕보인다. 이 책은 바로 대낮의 큰 시장에 있는 평천관과 같아 사는 사람이 없을 뿐만 아니라, 혹 머리에 써보기라도 하면 참람하다는 이유로 죽인다. 이 때문에 사람들이 이 책을 싫어하여 자신을 죽이는 도구처럼 보니 평천관에 비할 바가 아니다. 만고의 세월이 긴 밤처럼 깜깜하고 인륜(人倫)은 금수(禽獸)처럼 되었으니, 다만 묵묵히 한세상을 보낼 따름이다. 애석하도다! 중망은 후사가 없어 학문에 독실하여 부지런히 힘쓰는 모습을 갱장(羹牆)[57]에서 기억할 사람이 없으며, 나 또한 아들을 잃어 벗끼리 서로 보탬이 되는 의리를 글 속에 남길 사람이 없으니, 모두 탄식할 만하다."】

◎ **11월에 중종(中宗)이 승하하였다.**

가정 24년 을사년(1545) [인종대왕(仁宗大王) 원년] 선생 45세

◎ **7월에 인종(仁宗)이 승하하였다.**

【이해 이기(李芑)·윤원형(尹元衡)이 계림군(桂林君)[58] 및 윤임(尹任)·유관(柳灌)·유인숙(柳仁淑) 세 대신을 모함하여 죽였다. 또 직필(直筆)을 한 사신(史臣) 안명세(安名世)[59]를 죽이고, 거듭 선한 사람들을 도륙하였다. 대개 명종이 어린 나이에 보위를 이어받아 문정왕후가 섭정하였는데, 윤원형은 문정왕후의 아우로서 정권을 잡았다. 윤원형은 평소 윤임과 서로 알력하며 틈이 있었는데, 이때를 틈

윤원형의 묘

타 '윤임 등이 도모하여 계림군을 추대하려 한다'고 모함하여 당시의 사류(士流)를 대역죄로 죽였다. 여파가 미친 것이 매우 심하여 대사간 이림(李霖), 사간 곽순(郭珣)[60], 참봉 성우(成遇)는 모두 선생의 벗인데 함께 참화를 당하였다. 선생은 항상 그 일을 언급할 때 반드시 오열하며 눈물을 흘렸고, 죽을 때까지 잊지 못하였다.】

◎ **11월 모친상을 당하였다.**

가정 25년 병오년(1546) [명종대왕(明宗大王) 원년] 선생 46세

◎ **봄에 모부인을 판교공 묘소 동쪽 언덕에 합장하고 묘갈(墓碣)을 세웠다.**

【김해로부터 운구하여 고향의 산에 장사 지내고 3년 동안 시묘살이하였는데 한결같이 부친상 때와 같았다. ○ 묘갈문[61]은 곧 송규암(宋圭庵: 宋麟壽)이 지은 것으로, 그 대략은 다음과 같다. "부인 이씨(李氏)는 조식(曺植) 선생의 모친이며, 판교공(判校公) 휘 언형(彦亨)

의 부인이다. 가정(嘉靖) 을사년(1545)에 선영 동쪽 언덕에 장사 지냈다. 선생이 말하기를 '희생을 매어둘 돌을 세웠으니, 새길 말이 있어야 합니다'라고 하며 나에게 묘갈명을 청하였다. 글을 짓는 것은 어렵지 않으나, 그 아들 때문에 어렵고 그 모친 때문에 어려워 그 묘갈명을 짓는 것을 어려워하였다. 비록 그러하나 남전(藍田)[62]에서는 아름다운 옥이 나는 것이 분명하고, 큰 새는 황새의 새끼인 것이 이치이니, 글을 짓는 것이 그 아들 때문에 쉽기도 하고 그 모친 때문에 쉽기도 할 것이다. 다만 치랭부(蚩冷符)[63]가 형(荊) 땅에서 나는 옥을 다듬는 격인지라, 끝내 쉬울 수 없을 것이다. 이는 마치 대희(大姬)[64]가 누에 치는 여인에게 뽕잎을 구걸하는 것과 같으니, 나에게 글을 구하였으나 나는 또한 한결같이 어려워하였다. 이에 사양하였지만 허락하지 않았다. 부인은 태어나면서부터 효성스러워 시부모를 봉양할 적에 공경하고 봉양하는 것을 충실히 하고 남편의 집안 사람들과 화목하였으며, 엄숙하고 온화한 태도로 제사를 받들어 살아 있는 사람을 섬기는 것보다 더 정성스러웠다. 신분이 낮은 사람이나 어린아이를 자기 자식처럼 돌보았으며, 감당하지 못할 듯이 겸양하고 공손함으로써 판교공을 섬겼다. 판교공도 부인을 공경하고 예우하여 첩을 들인 적이 없었다. 가난하여 혼례나 장례를 치르지 못하는 사람 및 억울함이나 근심이 있는 사람을 보면 반드시 눈물을 흘리며 도와주었다. 한 집안의 남녀노소가 모두 말하기를 '모부인(某夫人)은 우리 어머니의 행실과 같다'고 하였다. 판교공이 부인보다 먼저 세상을 떠났는데, 관직에 있을 때 청렴하고 신중하여 자신의 생계를 도모하지 않아 한사(寒士)처럼 가난하였다. 통정대부

(通政大夫)⁶⁵로 품계가 올랐을 때도 말 한 마리밖에 없었는데 그것을 팔아 장복(章服)⁶⁶을 마련했으니, 실로 부인의 도움이 있었던 것이다. 선생은 초연히 성인(聖人)을 배우고자 하여 곧장 과거공부를 그만두고 경의(敬義)에 힘을 쓰며 정한 의지를 단단히 잡았다. 한때의 추향(趨向)으로 나가거나 물러나지 않고 자신을 수양할 지점을 찾았으니, 대개 부모의 가르침으로 그렇게 된 것이다."】

가정 26년 정미년(1547) 선생 47세

◎ 상복을 벗고 농토가 있는 토동(兔洞)에 거처하였다.

【전장(田庄: 농토)이 매우 적어 혹 흉년이라도 들면 집안사람들이 거친 밥도 먹을 수 없었으나, 선생은 태연한 모습으로 마음에 두지 않았다.】

◎ 송규암(宋圭庵: 宋麟壽)의 부고를 듣고 신위를 만들어 곡하였다.

【9월에 부제학 정언각(鄭彦慤)이 아뢰기를 "양재역(良才驛)⁶⁷ 벽에 붉은 글씨로 '여자 임금이 위에서 정권을 잡고 간신들이 아래에서 권력을 휘두르니, 나라가 위태로워 망하는 것을 서서 기다릴 수 있다'고 쓰여 있었습니다."라고 하였다. 이기(李芑) 등이 기뻐하며 이 일로 자신들의 반대 세력을 일망타진할 계책으로 삼고자 하였다. 봉성군(鳳城君)⁶⁸을 논핵하여 죽이고 을사사화 때 살아남은 사림에게 죄를 더하였으니, 일시의 명사들이 남김없이 모두 죽었다. 송규암도 사약을 받았으니, 선생이 항상 애통해하고 안타까워하였다.】

가정 27년 무신년(1548) 선생 48세

◎ 전생서 주부(典牲署主簿)[69]에 제수되었으나 나아가지 않았다.

【전조(銓曹)[70]에서 유일(遺逸)[71]의 선비를 천거하여 등용하자고 하여, 품계를 뛰어넘어 6품직에 임명할 것을 특별히 명하였다.】

◎ 계부당(鷄伏堂)을 새로 지었다.

【옛집 근처에 별도로 정사를 짓고 이름을 '계부당'이라 하였다. 이 이름은 '닭이 알을 품고 부화하는 것처럼 함양한다'는 말에서 취한 것이다.】

◎ 뇌룡사(雷龍舍)를 만들었다.

【앞으로 흐르는 시내를 굽어보는 곳에 초가를 짓고 이름을 '뇌룡

뇌룡정 전경

뇌룡정 현판

사(雷龍舍)'라 하였다. 이 이름은 '시동(尸童)[72]처럼 가만히 있다가도 용처럼 드러나고, 깊은 연못처럼 잠잠하다가도 우레처럼 진동한다'[73]에서 취한 것이다. 솜씨 좋은 화공으로 하여금 우레와 용의 형상을 그리게 하여 자리 옆에 걸어두었다.】

가정 28년 기유년(1549) 선생 49세

◎ 8월에 감악산(紺岳山)[74]을 유람하였다.

【감악산은 거창현(居昌縣)의 경계에 있다. 선생이 우연히 이곳을 유람하자, 함양(咸陽)의 문사(文士) 임희무(林希茂)[75]·박승원(朴承元)[76]이 소식을 듣고 달려와 선생을 모시고 함께 유람하였다. 「욕천(浴川)」이라는 절구 한 수가 있다.】

「욕천」 시비

감악산 포연과 포연대

【○ 이해 이홍남(李洪男)[77]이 변고를 아뢰어 강유선(康惟善)[78] 등을
비롯한 30여 명을 모함하여 죽였다. ○ 살펴보건대, 을사년(1545)
과 정미년(1547)에 큰 옥사가 일어난 뒤로 인심이 복종하지 않고
맑은 의론이 간간이 일어났는데, 윤원형 등이 위세를 부려 재갈을
물렸다. 그런데 이홍남이 그의 아우 이홍윤(李洪胤)이 강유선 등과
반란을 모의하여 모산수(毛山守)[79]를 추대하고자 한다고 고변하였
다. 간악한 자들이 서로 기뻐하며 마침내 큰 옥사를 만들어 연루되
어 죽임을 당한 자가 30여 명에 이르렀다. 대개 선생은 가정(嘉靖)

기축년(1529)에 약한 돼지가 날뛰는[80] 형상을 이미 보고서 곧 군자가 결단을 명쾌하게 하는[81] 뜻을 생각하였는데, 을사년(1545) 이후 간사하고 흉악한 자들이 나라의 명을 제멋대로 하여 사류(士流)가 어육(魚肉)이 되었다. 이때를 당하여 선생은 천 길 위로 날아오르는 기상[82]이 있었으니, 세상에 나아가고 물러나 은거하는 의리를 어찌 쉽게 말하겠는가.】

가정 29년 경술년(1550) 선생 50세

◎ 소실(小室)을 들였다.[83]

【사인(士人) 송린(宋璘)[84]의 딸로, 백부 송형(宋珩)[85]의 집에서 자랐다. 나이 19세에 선생을 모시게 되었는데, 최수우(崔守愚)[86]·정한강(鄭寒岡)[87]이 모두 '부인은 덕이 있는 군자를 받들어 어김이 없었다'고 칭찬하였다. ○ 큰아들 차석(次石)이 예안현(禮安縣)·신창현(新昌縣)의 현감이 되었을 적에 모부인에게 교자(轎子) 타기를 청하자, 부인은 굳게 사양하며 "나는 분수에 지나친 것을 바라지 않는다."라고 말하였으니, 그녀가 삼가고 신중한 것이 이와 같았다. 뒤에 아들이 존귀해져서 숙부인(淑夫人)[88]에 추증되었다.】

가정 30년 신해년(1551) 선생 51세

◎ 종부시 주부(宗簿寺主簿)[89]에 제수되었으나 나아가지 않았다.

◎ 덕계(德溪) 오건(吳健)[90]이 처음 문하에서 가르침을 받았다.

【선생은 그의 독실함을 사랑하여 드디어 학문으로 나아가는 과정

을 열어 보여주었다. 그리고『소학(小學)』·『대학(大學)』·『근사록(近思錄)』등의 책을 읽으라고 권하였다. ○ 덕계가 지은 선생의 제문에 "선비들은 지향할 곳을 알았고, 백성들은 그 덕에 감복하였습니다. 진실로 우리 스승님은, 참으로 선각자이셨습니다. 소생 오건도 외람되이 따르며 모셨습니다. 학문하는 방법과 시대를 인식하는 의리, 간곡하게 타이르고 게으름을 경계하시며, 인도하고 부지한이 정성스럽고 지극하셨습니다."라고 하였다.】

가정 31년 임자년(1552) 선생 52세

◎ **김삼족당(金三足堂)**[91]**을 곡하였다.**

【삼족당은 일찍이 선생이 가난한 것을 염려하여 임종할 때 그의 아들에게 '해마다 선생에게 곡식을 보내라'고 명하였는데, 선생이 시를 지어 사양하였다.[92] 삼족당을 장사 지낼 적에 선생이 가서 곡하고 묘갈을 지었다.[93]】

청도 김대유의 삼족당

◎ 아들 차석(次石)이 태어났다.

◎ 청송(聽松) 성수침(成守琛)[94] 선생의 편지에 답하였다.

【청송이 사언시(四言詩)를 지었는데 제현(諸賢)이 화답하였다.[95] 청송이 자신이 지은 시를 편지로 부쳐 차운시를 청하였는데, 선생이 그 편지에 답하였다.[96] 그 대략은 다음과 같다. "고을 사람 송함(宋瑊)이 공께

청송당
겸재 정선 作, 간송미술관 소장

서 보내신 편지와 여러 공들이 차운한 시를 전해왔습니다. 20년 전에 소식이 막혔다가 이제야 비로소 통하게 되니, 모두 명주(明珠)를 손에 가득 쥔 것 같아 내려주신 은혜를 받고 한없이 기뻤습니다. 요청하신 사언시를 화답해 올립니다. 저는 '시를 읊조리는 것은 완물상지(玩物喪志)[97]하는 가장 좋은 것일 뿐만 아니라, 저에게 있어서는 매번 무한히 교만해지는 죄를 더하는 것이다'라고 일찍이 생각하였습니다. 이 때문에 시를 짓지 않은 지가 거의 수십 년이나 됩니다." 라고 하였다.】

가정 32년 계축년(1553) 선생 53세

◎ 퇴계(退溪) 이황(李滉) 선생의 편지에 답하였다.

【선생은 여러 차례 관직에 제수되었으나 나아가지 않았다. 당시 퇴

계는 성균관 대사성으로서 도성에 있으면서 편지를 보내 출사할 것을 권면하였다. 그 대략은 다음과 같다. "지난번 전조(銓曹)에서 유일의 선비를 천거하여 등용하자고 아뢰자, 성상께서 어진 인재를 얻어 임용하는 것을 기뻐하시고 특명으로 품계를 뛰어넘어 6품직에 그대를 임명하시니, 이는 실로 우리나라에서 보기 드문 성대한 일이었습니다. 내가 사사로이 생각건대, 벼슬하지 않는 것은 의(義)가 없는 일이니, 임금과 신하 사이의 대의를 어찌 없앨 수 있겠습니까? 그런데 선비가 혹 벼슬에 나아가는 것을 어렵게 여기는 것은 단지 과거가 사람을 혼탁하게 하고, 잡진(雜進)[98]의 길 또한 매양 낮아졌기 때문입니다. 이것이 바로 몸을 깨끗이 하고자 하는 선비가 종적을 감추고서 은둔하여 나가기를 달갑게 여기지 않을 수 없는 까닭입니다. 지금 산림에서 그대를 천거한 것은 과거시험처럼 혼탁하지 않고, 품계를 뛰어넘어 6품직에 제수한 것은 잡진처럼 자신을 더럽히는 것도 아닙니다. 그러므로 동시에 천거된 사람으로 성수침(成守琛) 군은 이미 토산(兎山)으로 부임하였고, 이희안(李希顔)[99] 군도 고령(高靈)에 부임하였습니다. 이 두 사람은 모두 예전에 관직을 사양하고 은거하여 장차 일생을 마칠 것처럼 하던 사람입니다. 예전에는 출사하지 않다가 지금 출사하는 것이 어찌 그들의 지향에 변화가 있어서겠습니까. 그들은 반드시 '지금 내가 출사하는 것은 위로는 성조(聖朝)의 아름다움을 이룰 수 있고, 아래로는 나에게 온축된 것을 펼 수 있기 때문이다'라고 여겨서 나아간 것일 뿐입니다. 이어서 그대에게 전생서 주부(典牲署主簿)를 제수하였으니, 사람들이 모두 말하기를 '조 군(曺君)의 지향이 곧 두 사람의 지향이다. 지금 두

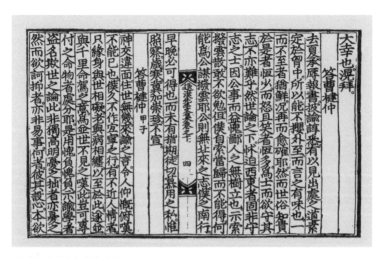

퇴계가 남명에게 답한 편지
『퇴계집』(한국고전번역원, 한국문집총간본)

사람이 이미 출사하였으니, 조 군도 의당 나아갈 것이다'라고 하였
는데, 그대는 끝내 나오지 않았으니, 어찌 된 일입니까? 남이 알아주
지 않기 때문이라 여긴 것이라면 깊이 은거한 데서 뛰어난 이를 뽑
았으니, 알아주지 않았다고 말할 수 없습니다. 또 시대가 나갈 수 없
는 때라고 여긴 것이라면 주상께서 성스러워 어진 이를 갈망하시니,
나아갈 때가 아니라고 말할 수 없습니다. 그대는 문을 닫고 단정히
앉아 몸을 닦고 지향을 기른 날이 오래되었으니, 얻은 바가 크고 쌓
은 바가 두터워 그것을 세상에 베풀면 장차 어디를 간들 이롭지 않
음이 없을 것입니다. 그런데 또한 어찌 '나는 벼슬하는 것을 자신할
수 없다'라고 하며 칠조개(漆彫開)가 벼슬하기를 바라지 않은 것[100]
처럼 한단 말입니까. 이것이 그대가 처신하는 바에 대해 내가 환히

알 수 없는 점입니다. 비록 그러하나, 내가 어찌 그대를 깊이 의심하 겠습니까. 그대의 처신에는 반드시 그런 말을 한 이유가 있을 것입 니다."】

【○ 선생이 다시 다음과 같은 편지를 보냈다. "하늘에 있는 북두성 처럼 평생 우러렀고, 책 속에 있는 성현처럼 까마득히 만나기 어렵 다고 생각했습니다. 문득 간절하게 깨우쳐 주신 편지를 받으니, 저 의 병통을 다스릴 약이 될 말씀이 넓고도 많아 아침저녁으로 만나 던 사이 같았습니다. 저처럼 어리석은 사람이 어찌 자신을 아끼는 바가 있겠습니까? 단지 헛된 이름을 취함으로써 한세상을 크게 속 여 성명(聖明: 임금)께 잘못 알려진 것입니다. 남의 물건을 훔치는 것 도 오히려 도둑이라 하는데, 하물며 하늘의 물건(벼슬)을 훔치는 것 이야 말할 것이 있겠습니까. 이 때문에 두려워 몸 둘 바를 모르고 날 마다 하늘의 꾸지람을 기다렸는데, 과연 하늘의 꾸지람이 이르렀습 니다. 작년 겨울에 한 달 남짓 허리와 등이 쑤시고 아프더니, 문득 오른쪽 다리를 절게 되었습니다. 이미 행인의 대열에도 낄 수 없으 니, 비록 평지를 걷고자 하나 어찌 그럴 수 있겠습니까. 이에 사람들 이 모두 저의 단점을 알게 되었고, 저 또한 남들에게 저의 단점을 숨 길 수 없게 되었습니다. 비웃고 탄식할 만한 일입니다. 다만 생각건 대, 명공(明公)께서는 서각(犀角)을 태우는 듯한 명철함[101]이 있지만 저는 동이를 이고 있는 듯한 탄식[102]이 있으니, 오히려 아름다운 문 장이 있는 곳에서 가르침을 받들 길이 없습니다. 또한 눈병이 있어 사물을 제대로 보지 못한 지가 여러 해 되었으니, 명공께서 어찌 발 운산(撥雲散)[103]으로 눈을 열어주시지 않겠습니까?"】

【○ 퇴계가 다시 편지를 보냈다. 그 대략에 "저 또한 당귀(當歸)[104]를 생각하였으나 얻지 못하였으니, 어느 겨를에 남을 위해 발운산을 구하겠습니까."라고 하였다.】

가정 33년 갑인년(1554) 선생 54세

가정 34년 을묘년(1555) 선생 55세

◎ **단성현감(丹城縣監)에 제수되었으나 나아가지 않았다. 소를 올려 사직하였다.**

【그 대략에 "보잘것없는 신이 이름을 훔쳐 집사(執事: 인사담당관)를 잘못 판단하게 하였고, 집사는 이름만 듣고서 전하께 잘못 아뢰었습니다. 전하께서는 과연 신을 어떤 사람이라고 생각하십니까? 도(道)가 있다고 생각하십니까? 문장에 능하다고 생각하십니까? 문장에 능한 사람이 반드시 도가 있는 것이 아니며, 도가 있는 사람은 반드시 신과 같지 않을 것입니다. 저에 대해서는 전하께서 아시지 못할 뿐만 아니라, 재상 또한 알지 못할 것입니다. 그 사람을 알지 못하면서 등용하여 훗날 국가의 수치가 된다면 어찌 죄가 보잘것없는 신에게만 있겠습니까? 신은 차라리 한 몸을 저버릴지언정 차마 전하를 저버릴 수는 없습니다. 이것이 나아가기 어려운 첫 번째 까닭입니다. 운운.

조정의 신하는 후원 세력 심기를 용이 연못에서 끌어들이는 듯이 하고, 외직의 신하는 백성을 수탈하기를 이리가 들판에서 날뛰는 듯이 하니, 가죽이 다 해지면 털이 붙어있을 곳이 없다는 사실을 또한 알

「을묘사직소」
『남명집』(계명대학교 동산도서관 소장)

지 못하는 것입니다. 신은 이 때문에 늘 걱정하고 길게 탄식하며 낮에는 하늘을 우러러본 것이 여러 번이고, 한숨 쉬며 답답하여 밤에 천장을 쳐다본 지가 오래되었습니다. 자전(慈殿)[105]께서는 생각이 깊으시나 깊숙한 궁궐의 한 과부에 불과하시고, 전하께서는 어리시니 선왕이 남기신 외로운 한 자식일 뿐입니다. 그러니 백 가지 천 가지의 천재(天災)와 억만 갈래의 민심을 어떻게 감당할 것이며, 어떻게 수습할 수 있겠습니까? 이런 때를 당해서는 비록 주공(周公)·소공(召公)[106]의 재주를 겸하고, 정승의 자리에 있는 어진 정승일지라도 어찌할 수 없을 것입니다. 하물며 재주가 초개와 같은 한 보잘것없는 신이야 말할 것이 있겠습니까? 위로는 만에 하나도 위태로움을 부지할 수 없고, 아래로는 털끝만큼도 백성을 보호할 수 없을 것이니, 전하의 신하가 되기에 또한 어렵지 않겠습니까? 만약 보잘것없는 이름을 팔아 전하의 관작을 얻어 그 녹을 먹으면서도 그에 맞는 일을 하지 않는다면 그것은 또한 신이 바라는 바가 아닙니다. 이것이 나아가기 어려운 두 번째 이유입니다."라고 하였다.

또 아뢰기를 "전하께서 종사하시는 일은 무슨 일입니까? 학문을 좋아하십니까? 풍류와 여색을 좋아하십니까? 활쏘기와 말 달리기를 좋아하십니까? 군자를 좋아하십니까? 소인을 좋아하십니까? 좋아하시는 것이 이런 데 있다면 나라의 존망(存亡)이 거기에 달려 있습니다. 진실로 학문하는 일에 힘을 쓰시어 명덕(明德)을 밝히고 백성을 새롭게 하는 대학(大學)의 도에서 홀연히 터득함이 있으시면, 명덕을 밝히고[明明德] 백성을 새롭게 하는[新民] 도리 안에 온갖 선(善)이 갖추어지고 온갖 덕화가 이를 통해 나올 것입니다. 이것을 거행하여 조처하면 나라를 공평하게 다스릴 수 있고, 백성을 화합하게 할 수 있으며, 위태로운 정세를 안정시킬 수 있을 것입니다. 훗날 전하께서 왕도(王道)의 영역에서 교화를 이룩하신다면 신은 마땅히 마부의 말석에서 채찍을 잡고 마음과 근력을 다해 신의 직분을 극진히 할 것이니, 어찌 임금을 섬길 날이 없겠습니까?"라고 하였다.】

【○ 선생은 소장을 올린 뒤 아침 일찍 일어나 의관을 정제하고 문밖에 꼿꼿이 앉아 종일토록 해이하지 않고 어명을 기다린 것이 여러 달이었다. 임금이 '자전께서는 생각이 깊으시나' 등의 말을 기뻐하지 않은 뒤로, 영의정 심연원(沈連源)[107]부터 부복하여 원우연간(元祐年間)의 일[108]을 인증하여 간언해서 끝내 아무 일도 없을 수 있었다고 한다.[109]】

【○『석담일기(石潭日記)』[110]에 "당시 권간(權奸)이 국정을 잡아 문

정왕후(文定王后)를 미혹시켜 사림의 기운을 꺾었다. 비록 공론을 칭탁하여 유일을 천거해 등용한다고 하였으나 단지 공허한 문건이 었을 뿐 실상이 없었다. 그러므로 〈공은〉 벼슬에 뜻이 없어 소를 올려 사직하고, 아울러 당시의 폐단을 아뢴 것이다.”라고 하였다.】

가정 35년 병진년(1556) 선생 56세

◎ **각재(覺齋) 하항(河沆)[111]이 처음으로 문하에서 가르침을 받았다.**

【선생이 그에게 재주가 있고 또 학문에 독실하게 지향을 둔 것을 사랑하여 드디어 여러 성리서(性理書) 읽기를 권면하였다. 각재가 이때부터 오로지 위기지학(爲己之學)을 숭상하여 의리(義理) 위에서 날마다 강론하고 궁구하기를 일삼았다. 선생이 매번 인재를 얻었다고 칭찬하며 가르쳤다.】

가정 36년 정사년(1557) 선생 57세

◎ **아들 차마(次磨)가 태어났다.**

가정 37년 무오년(1558) 선생 58세

◎ **선생이 진주목사(晉州牧使) 김홍(金泓)[112], 수재(秀才) 이공량(李公亮)[113], 황강(黃江) 이희안(李希顔), 구암(龜巖) 이정(李楨)[114]과 함께 지리산을 유람하였다.**

【이때 김홍이 진주목사가 되었는데, 선생과 여러 공이 그와 함께 유람하기로 약속하였다. 이해 음력 4월 14일 사천(泗川) 쾌재정(快哉亭)[115]에 모여 큰 배에 올라 바다로 나갔다. 섬진강을 거슬러 올라가

「유두류록」 중 '종선여등 종악여붕'

쌍계사로 들어가서 청학동(靑鶴洞)[116]으로 올라갔다가 신응동(神凝洞)[117]으로 들어갔다. 무릇 산속에서 유람한 것이 10여 일이 넘었다. 선생이 동유록(同遊錄)[118]을 지었는데, 농담하는 사이와 높은 곳에 올라 조망하는 즈음에 경물을 보고 일을 접하면서 한 말에 사람을 경각시키고 성찰하게 하는 점이 많았다. 동유록은 문집에 보인다.】

【○ 퇴계 선생이 말하기를 "조남명(曺南冥)의 「유두류록(遊頭流錄)」은 그가 두루 유람하며 탐방한 것 외에 일에 따라 의미를 붙인 것을 보건대, 울분을 느끼거나 격앙된 말이 많아서 사람으로 하여금 정신이 번쩍 들게 하니, 오히려 그 사람됨을 상상할 수 있다. 그중에 〈필경 군자는 군자이고 소인은 소인이니〉 하루 햇볕을 쬐는 것으로는 아무런 유익함이 없다'라는 말과 '위로 올라가는 사람이나 아

래로 내려가는 사람은 단지 발을 한 번 드는 사이에 있다'라는 말은
모두 지극한 의논이다. 그리고 이른바 '명철한 사람의 행(幸)·불행
(不幸)은 〈어찌 운명이 아니겠는가?〉'라는 말은 참으로 천고 영웅의
탄식을 일으키게 하고 지하에서 귀신을 울릴 만하다. 운운."이라고
하였다.】

◎ 8월 가야산 해인사에서 동주(東洲) 성 선생(成先生: 成運)[119]을 만났다.
【선생이 지난해(1557) 속리산으로 들어가서 대곡(大谷) 성 선생을
방문하였다. 당시 동주가 마침 보은현감으로서 자리에 함께했다. 선
생은 동주와 초면이었는데, 만나 대화를 하면서 친숙해져 마치 오래
사귄 벗처럼 함께 며칠 동안 즐겁게 보냈다. 선생이 동주에게 농담
하기를 "노인장께서는 어찌하여 벼슬을 버리고 돌아가지 않소?"라

합천 해인사

고 하니, 동주가 대곡을 가리키면서 "이 늙은이가 붙잡기 때문입니다."라고 하자, 선생이 "이 늙은이가 어찌 붙잡아 묶어둘 수 있겠습니까?"라고 하니, 동주가 부끄러워하며 사죄하였다.

선생이 떠날 때 동주가 먼저 길에서 전별연을 베풀었고, 따라가면서 전송하다가 손을 잡고 울며 작별할 적에 "그대와 내가 모두 중년의 나이로 각자 다른 고장에서 살고 있으니, 다시 얼굴 볼 날을 어찌 기약할 수 있겠습니까?"라고 하였다. 드디어 다음 해 8월 15일에 해인사에서 만나기로 기약하였다. 약속한 날이 되었는데, 비가 연일 내렸다. 선생은 비를 무릅쓰고 길을 가서 해안사 문에 이르니, 동주는 이미 도착하여 막 도롱이를 벗고 있었다고 한다. 동주가 선생을 만나러 해인사로 길을 떠날 적에 대곡(大谷: 成運)이 시를 지어 전송하였는데, "남쪽 가야산으로 향하는 말의 걸음 가벼우니, 전에 처사를 만나기로 약속하고 이번에 서로 만나누나. 종산(鍾山)[120]에서 농사짓는 늙은이 안부 물으면, 해마다 병이 더해 야위어 간다고 전해주오."라고 하였다.】

【○ 종산은 대곡이 은거하던 곳의 지명이다.】

가정 38년 기미년(1559) 선생 59세

◎ 조지서 사지(造紙署司紙)[121]에 제수되었으나 나아가지 않았다.

◎ 5월 황강(黃江) 이희안(李希顔)을 곡하였다.

【선생이 가서 곡하고 장례에 참석하였으며, 뒤에 그의 묘갈문을 지었다.[122]】

가정 39년 경신년(1560) 선생 60세

◎ 아들 차정(次矴)이 태어났다.

가정 40년 신유년(1561) 선생 61세

◎ 드디어 지리산 덕천동(德川洞)으로 들어가서 살았다.

【선생은 적통의 후사가 없어 조상의 제사를 아우 조환(曹桓)[123]에게
맡기고 드디어 덕산(德山)에 들어가 살았다. 전답에서 수확한 것에
겨우 의지하여 식량이 떨어지지 않을 정도였으나, 선생은 화평한 마
음으로 항상 매우 넉넉한 듯이 생활하였다.】

◎ 산천재(山天齋)를 새로 지었다.

【살림집 옆에 정사(精舍)를 짓고 산천재라 이름을 붙였는데, 이는 대
개 『주역(周易)』「대축괘(大畜卦)」의 의미를 취한 것이다.[124]】

가정 41년 임술년(1562) 선생 62세

◎ 송계(松溪) 신계성(申季誠)[125]을 곡하였다.

【선생이 가서 곡하고 장례에 참석하였으며, 뒤에 그의 묘갈문을 지
었다.[126]】

가정 42년 계해년(1563) 선생 63세

◎ 동강(東岡) 김우옹(金宇顒)[127]이 처음 문하에서 가르침을 받았다.

【동강이 처음 문하에 와서 절하였는데, 선생이 차고 있던 주머니의
방울[惺惺子]을 꺼내 그에게 주면서 말하기를 "이 물건의 맑은 소리

산천재

는 사람을 깨우치고 성찰하게 하니, 이것을 차고 다니면 매우 좋다는 것을 느낄 것이다. 내가 소중한 보물을 너에게 주니, 너는 이것을 잘 보관할 수 있겠는가?"라고 하였다. 또 말하기를 "이 물건이 너의 의대(衣帶) 사이에 있으면 움직일 때마다 경계하고 견책할 것이니, 매우 공경하고 두려워할 만하다. 너는 경계하고 두려워하여 이 쇠방울에 죄를 짓지 말라."라고 하였다. 동강이 묻기를 "이것은 옛사람이 옥을 찼던 뜻이 아닙니까?"라고 하자, 선생이 말하기를 "참으로 그러하다. 그러나 이 의미가 매우 절실하니 옥을 차는 데서 그치지 않는다. 이연평(李延平)[128]도 일찍이 이것을 차고 다녔다.】

◎ **2월 구암(龜巖) 이정(李楨)이 찾아와 배알하였다.**
【처음 선생이 지리산에 들어가 살 뜻을 가졌을 때, 구암이 함께 들

어가 살겠다고 약속하였다. 신유년(1561) 구암이 동경부윤(東京府尹)[129]이 되었을 때, 사람을 보내 선생에게 요청하고, 집터를 잡아 몇 칸의 기와집을 지었으나 끝내 빈집이 되었다. 첨지(僉知) 정복시(鄭復始)[130]와 상사(上舍) 윤광전(尹光前)[131]이 그 집의 기둥에 시를 지어 붙여서 그를 기롱하였다. 이해(1563) 정월 임기가 끝나 집으로 돌아갔다. 2월 산천재로 찾아와 선생에게 배알하고서, 지이진 기와집과 정복시·윤광전 두 사람이 지은 시를 보았다. 선생의 처소로 돌아와 말하기를 "참된 즐거움이 이곳에 있으니, 덧없는 영화를 사절할 수 있겠습니다. 싸우다가 이기면[132] 야윈 자도 살이 찔 것입니다. 이제부터는 선생을 모시고 노닐면서 노년을 마치면 만족할 것입니다."라고 하였다. 선생이 미소를 지으며 "그런가?"라고 하였다. 이는 대개 그의 지향을 기뻐하나 그가 끝내 살러 오지 않을 것을 염려했기 때문이다. 구암은 며칠을 머물다가 하직하고 돌아갔다.】

◎ **남계서원(灆溪書院)[133]을 찾아갔다. 개암(介庵) 강익(姜翼)[134]과 함께 갈천(葛川) 임훈(林薰)[135] 선생의 여소(廬所)[136]를 방문하였다.**

【봄에 선생이 덕산 거처로부터 함양(咸陽)과 안음(安陰)[137]에 갈 계획을 세웠다. 각재(覺齋) 하항(河沆), 하응도(河應圖)[138], 유종지(柳宗智)[139], 진극경(陳克敬)[140] 등이 모시고 갔다. 남계서원에 이르렀으니, 이곳은 일두(一蠹) 정여창(鄭汝昌)[141] 선생을 제향하는 서원이다. 서재에서 하룻밤을 묵었다. 다음 날 일찍 일어나 사당에 배알하고서 물러나 선생이 문인들에게 말하기를 "우리나라 여러 현인 중에 오직 일두 선생만이 거의 흠잡을 바가 없다."라고 하였다.

함양 남계서원

갈천서당

개암 강익이 소식을 듣고 달려와 함께 안음으로 향했다. 이때 갈천 형제[142]가 부친 진사공(進士公)[143]의 상을 당했는데, 갈천은 나이가 예순이 넘었으나 날마다 몇 홉의 쌀죽만 먹으며 슬퍼하여 몸이 상한 것이 예의 제도를 넘었다. 이에 앞서 선생이 조문하러 갔을 때 예의 제도에 맞게 할 것을 말하였다. 또 편지를 보내 죽은 사람 때문에 산 사람을 해치지 말라는 의리[144]를 진술하였다. 갈천이 그 권유를 힘써 따라 드디어 거친 밥과 시래깃국을 올리게 하였다. 이때 이르러 선생이 방문하여 위로하였다. 사류(士類)가 많이 모였는데, 모두 말하기를 "덕유산(德裕山) 남쪽에 세 골짜기가 있는데 산수가 아름다워 혹 도원(桃源)이라 일컬어지니, 어찌 가서 유람하지 않겠습니까?"라고 하였다. 선생이 답하기를 "이번 행차는 오로지 주인을 위로하기 위해 온 것이니, 내 어찌 다른 곳을 찾겠는가. 훗날을 기다려 주인과 함께 유람하세."라고 하였다.】

가정 43년 갑자년(1564) 선생 64세

◎ 덕계(德溪) 오건(吳健)과 덕산사(德山寺)[145]에서 회합하였다.

【『덕계일기(德溪日記)』[146]에 "7월 성산(星山: 星州)에서 집에 돌아왔다. 열흘쯤 뒤에 선생이 승려를 통해 편지를 보내 덕산사로 부르셨다. 편지를 받고 즉시 가니, 선생께서는 오신 지 며칠이 지났다. 며칠 동안 모시면서 맑은 가르침을 공경히 받들었는데, 가을철의 찬 서리와 한여름의 뜨거운 태양처럼 매서웠으며, 의기(義氣)가 하늘을 가로지르는 듯하였다. 나는 자질이 어리석고 게을러 가르침을 받기에 부족함을 지극히 알았다. 그러나 거친 주먹을 휘두르고 크게 발

길질하듯[147] 하여 내 생각을 상쾌하게 하기에 충분하였다. 문하에 나아간 지 10년이 되었으나 직접 모시고 배운 날은 적고 물러나 혼자 지낸 날이 많은 것이 애석하니, 열흘 동안 추위에 떨다가 하루 햇볕을 쬐는 격일 뿐만이 아니었다. 이날 정자에서 작별하니, 백 배로 정신이 멍하였다."라고 하였다.】

◎ **퇴계(退溪) 이황(李滉) 선생에게 편지를 보냈다.**

【선생은 항상 세상의 학자들이 아래로 인간의 일을 배우는 것을 일삼지 않고 위로 천리(天理)에 통달하는 것을 오로지 힘써 종종 도학자(道學者)로서 이름을 빌리는 자가 있는 것을 걱정하였다. 그러므로 편지를 써서 퇴계에게 보낸 것이니, 대개 그런 풍조를 경계하고 금지하여 구제하고 바로잡기를 바란 것이다. 그 편지의 대략은 다음과 같다. "근래 배우는 자들을 보건대, 손으로 물 뿌리고 비질하는 절도도 모르면서 입으로 천리를 담론하니, 선생 같은 장로(長老)께서 꾸짖어 그만두게 함이 없기 때문입니다. 저와 같은 사람은 마음을 보존한 것이 황폐하여 찾아오는 사람이 드무나, 선생 같은 분은 몸소 상등의 경지에 이르렀으니 참으로 우러러보는 사람이 많을 것입니다. 십분 억제하고 경계하심이 어떻겠습니까?"】

【○ 퇴계가 정자중(鄭子中: 鄭惟一)에게 편지를 보냈는데, 그 대략은 다음과 같다. "마침 남명(南冥) 조건중(曺楗仲)의 편지를 받았는데 '근래 배우는 자들을 보건대, 손으로 물 뿌리고 비질하는 절도도 모르면서 입으로 천리를 담론하여, 명예를 훔쳐 이로써 남을 속이려고 하다가 도리어 남에게 상처를 입고 피해가 다른 사람에게 미치니,

어찌 선생 같은 장로께서 꾸짖어 그만두게 하심이 없기 때문이 아니 겠습니까?'라고 하였네. 그 아래 스스로 겸손하게 말하면서 내가 십분 억제하고 경계하기를 바랐네. 우리들은 마음속으로 배우기를 바라니, 애초 어찌 명예를 훔쳐 남을 속이려는 의도를 가졌겠는가? 다만 지향을 세운 것이 독실하지 않고 도를 따르다가 중도에 그만두어 종종 입으로 천리를 담론할 즈음에 헛된 명성이 사방으로 퍼지는 것을 금하지 못하며, 우리가 일상에서 몸소 행하는 실질에 있어서 의지할 만한 곳이 하나도 없어서일 것이네. 그렇다면 명예를 훔친다는 꾸짖음을 면하고자 하더라도 어찌 그럴 수 있겠는가? 그러므로 남명의 말은 참으로 우리들을 위한 약석(藥石) 같은 말이라 할 수 있네. 이제부터 각자 더욱 자신을 독촉하고 면려하여 자신에 돌이켜 실천하는 것을 입으로 천리를 담론하는 근본으로 삼아 날마다 궁구하고 체험하는 공부를 일삼기를 청하네. 그래서 아는 것과 실천하는 것이 함께 진보하고 말과 행동이 서로 돌아보아 성인의 문하에 죄를 얻지 않고 세상의 뛰어난 선비에게 꾸지람을 면할 수 있게 되기를 바라네."】

【○ 선생의 이 말씀은 바로 학자들의 병통을 지적한 것으로, 퇴계 선생이 '약석(藥石)과 같은 말'이라고 여겨 더욱 독촉하고 면려하여 경험하게 하였으니, 선생이 세도를 위해 걱정하고 후학을 위해 염려한 것이 지극하다. 두 선생은 도를 행하고 간직한 것이 서로 달랐다. 비록 만나 서로 유익한 자리를 한 번도 갖지 못했으나 도의(道義)로써 서로 허여하였으니, 참으로 천 리나 멀리 떨어져 살면서 정신적으로 교유한 것이다.】

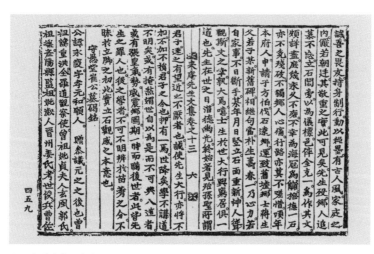

수우당 최영경 묘갈명
정인홍 作, 『내암집』(한국고전번역원 한국문집총간본)

가정 44년 을축년(1565) 선생 65세

◎ **수우당**(守愚堂) **최영경**(崔永慶)**이 처음으로 문하에서 배우기를 청하였다.**[148]

【당시 국상(國喪)[149] 중이어서 수우당이 죽순으로 폐백을 삼아 문하로 찾아와 절하였는데, 선생이 한 번 보고 기이하게 여겨 세상의 뛰어난 인물이 될 것이라 허여하였다.】

◎ **덕계**(德溪) **오건**(吳健)**의 편지에 답하였다.**

【편지는 문집에 보이지 않는다. 단지 오건의 『덕계일기』에 "선생께서 나의 편지에 회답하면서 '의리를 보는 것이 고상하지 않다'고 꾸짖으셨다. 나의 어리석고 나태함을 경계하여 깨우쳐 주신 것이 지극

하니, 나로 하여금 비루한 생각이 싹트는 것을 사라지게 하였다. 격류 속의 지주(砥柱)[150]와 같은 기상이 아니라면 어떻게 용렬하고 비루함을 타파하겠는가. 이 마음이 조금 느슨해져 경계하고 꾸짖는 가르침을 헛되이 저버린다면 훗날 도천(桃川)[151]에서 시를 읊조리며 돌아갈 밑천을 삼을 것이 것이다."라고 하였다.】

【○ 이해 4월 문정왕후(文定王后)가 승하하였다. 윤원형의 관직을 삭탈하여 고향으로 내쫓았다. 윤원형은 을사년(1545)부터 국정을 맡아 권력을 휘둘렀는데, 이해 8월에 이르러 양사(兩司)[152]가 비로소 그가 권력을 독점하고 참람하게 사류를 핍박한 죄를 극론하여 관작을 삭탈하고 내쫓았다. 이기(李芑)는 몇 년 전에 이미 죽었다. 이에 을사사화 때 귀양 간 명류(名流)들을 품계의 차례를 따지지 않고 등용하여 노수신(盧守愼)[153]·김난상(金鸞祥)[154]·이담(李湛)[155]·백인걸(白仁傑)[156]·유희춘(柳希春)[157] 등이 모두 조정의 반열에 올라 조정의 벼슬길이 한차례 새로워졌다.】

【○ 살펴보건대, 을사년(1545)부터 을축년(1565)에 이르는 20년 동안 간악한 흉적들이 국정을 도맡아 선량한 사람들을 원수처럼 여겨 해를 끼쳤으니, 천지가 어찌 닫히지 않았겠으며, 어진 이가 어찌 숨지 않았겠는가? 선생은 여러 번 관직에 제수되어도 나아가지 않고 덕을 숨겨 드러내지 않았다. 이때 간악한 흉적들이 죽거나 축출되어 조정이 청명해졌다. 이듬해 병인년(1566)에 이르러서 선생이 비로소 나아가 임금의 소명(召命)에 응하였다. 비록 해가 갈수록 길이 지조를 곧게 하며 출사하지 않았으니[158], 그 출처(出處)에 대한 큰 절개를 대개 상상해 볼 수 있다.】

가정 45년 병인년(1566) 선생 66세

◎ 정월 옥계(玉溪) 노진(盧禛), 개암(介庵) 강익(姜翼), 덕계(德溪) 오건(吳健), 동강(東岡) 김우옹(金宇顒)이 지곡사(智谷寺)¹⁵⁹에서 선생을 뵈었다.

【『덕계일기』에 "정월 초열흘에 선생이 지곡사로 오신다는 소식을 듣고 곧장 사람을 보내 노진 영공(令公) 등 여러 사람을 부르고 지곡사로 갔다. 시내 다리를 건너자마자 선생이 당도하셨다. 11일 김우옹이 왔다. 노진 영공과 강익·노관(盧祼)¹⁶⁰·정복현(鄭復顯)¹⁶¹·정유명(鄭惟明)¹⁶²·임희무(林希茂)가 뒤따라 이르렀다. 사방의 벗들이 구름처럼 몰려드니 많아 모두 수용할 수 없었다. 14일 선생을 모시고 하산하였다. 벗들이 각자 흩어졌다. 선생께서는 내가 집을 지으려는 터가 있다는 것을 아시고 가서 살펴보셨다. 세 곳을 두루 둘러보시고 맨 위의 터에 이르러 '가장 기이하다'고 말씀하셨다. 이날 밤 선생을 모시고 차탄(車灘)¹⁶³의 초정(草亭)에서 묵었다. 15일 선생이 우리 집에 오셨다. 우리 아이들을 불러내어 인사를 올리게 하였다. 식사를 하신 뒤에 선생이 돌아가시자, 송별하여 지곡사 다리 옆에 이르러 전별주 석 잔을 마시고 우두커니 서서 눈물을 흘렸다. 선생은 내가 머뭇거리는 것을 보시고 말에서 내려 서로 돌아보았는데, 다 표현하지 못한 마음이 있었다. 이날은 회포가 매우 울적하였다."라고 하였다.】

◎ 2월 구암(龜巖) 이정(李楨)과 단속사(斷俗寺)¹⁶⁴에서 만났다.

【당시 구암은 순천부사(順天府使)로서 그 선조의 묘소에 성묘하러 왔는데, 단속사에서 선생을 만나 이야기를 나누기로 약속하였다. 대

소헌(大笑軒) 조종도(趙宗道)[165] 및 몇 명의 사류가 선생을 모시고 갔다. 구암이 말하다가 의리(義理)가 의심스러운 곳에 미치면, 선생이 매우 긴요하게 논변하였다. 구암이 사족(士族)의 부인에게 잘못된 행실이 있을 때 사인(士人)이 그녀를 다스릴 수 있는지를 묻자, 선생이 "사인은 자기 자신을 다스리기에도 겨를이 없으니, 부인의 잘못된 행실은 자연히 담당 관리가 다스려야 한다."고 답하였다. 대소헌이 일찍이 사우(士友)들 사이에서 선생의 이 말씀을 칭송하며 말하였다.】

【○ 퇴계 선생이 구암에게 편지를 보냈는데, 그 대략에 "남명과 절에서 만난 것이 매우 즐거웠을 것이니, 어떤 담론이 있었습니까? 행여 나머지 이야기를 풍문으로 들을 수 있겠습니까?"라고 하였다.】

◎ 한강(寒岡) 정구(鄭逑)가 처음으로 문하에서 배우기를 청하였다.

【한강이 지은 선생의 제문에 "생각건대 소생은 대개 15, 16세 때부터 선생의 명성을 처음 듣고서 흠모할 줄 알았으나, 어리석고 둔한 데다 집안이 가난하고 거리가 멀어 스스로 문하에 나아갈 길이 없었습니다. 단지 북극성처럼 부지런히 우러러볼 뿐, 봄바람이 부는 자리[166]에서 모시지 못한 지가 거의 10년이나 됩니다. 제자로서의 예를 갖춘 것은 병인년(1566) 봄이었는데, 다행히도 선생께서 저를 하찮게 보아 버리지 않으시고 거두어 제자의 반열에 두셨으며, 또한 가르칠 만하다고 여기시어 매번 의분(義分)으로 서로 교유하는 사이임을 허여해 주셨습니다. 그리하여 선생께서 평소에 교유한 사람, 지내오신 역정, 학문과 행실, 지향과 절개 및 고금 인물의 어짊과 어

리석음, 국정의 치란(治亂)과 득실(得失), 시대에 따른 세도의 변화, 간사함과 올바름, 옳고 그름, 출사하고 은거할 때나 말하고 침묵할 때의 도리, 나아가서는 도를 행하고 물러나서는 덕을 감추는 의리에 대해 어느 하나도 숨기지 않고 모두 소자에게 가르쳐 주셨는데, 며칠 동안 밤을 새며 게을리하지 않으셨습니다. 이에 어리석고 거친 소자가 분발하고 흥기하여 태만하고 옹졸한 심신을 스스로 세운 것이 어떠하였겠습니까?"라고 하였다.】

◎ 3월 선생이 옥계(玉溪) 노진(盧禛), 개암(介庵) 강익(姜翼)을 만나 갈천 (葛川) 임 선생(林先生) 형제를 방문하고 함께 옥산동(玉山洞)[167]을 유람 하였다.

【선생이 또 덕산 거처로부터 산음(山陰:山淸)을 경유하여 안음(安陰:安義)으로 행차하였는데, 각재(覺齋) 하항(河沆), 대소헌(大笑軒) 조종도(趙宗道), 하응도(河應圖), 유종지(柳宗智), 이정(李瀞)[168]이 뒤를 따라 옥계의 집에 이르렀다. 옥계가 예우하는 것이 매우 공경하였다. 드디어 조촐한 술자리를 마련하였는데, 술잔이 세 차례 돌자 선생께서 마치자고 하였다. 또 개암을 불러 이튿날 함께 안음으로 향했다. 옥계가 먼저 사람을 보내 첨모당(瞻慕堂:林芸)에게 소식을 전하니, 첨모당이 곧 중도에서 직접 맞이하였다. 선생을 모시고 집에 이르자, 갈천이 신을 거꾸로 신고 달려 나와 문에서 맞이하였다. 서로 읍하고 자리에 앉았다.

선생이 첨모당을 다가오게 하여 말하기를 "그대는 총명함이 남들보다 뛰어나 통달하지 않은 것이 없네. 요임금과 같은 지혜로운 분도

안의 옥산동(화림동)

오히려 먼저 해야 할 일을 시급히 여겼네. 군자는 능통한 것이 많은 것으로써 남들을 거느리지 않네. 그러므로 내외(內外)·경중(輕重)의 분별이 없어서는 안 되네. 주부자(朱夫子: 朱熹)가 만년에 의리는 무궁하나 세월은 유한함을 깨닫고서 드디어 서예나 「이소(離騷)」[169]에 주석을 다는 일을 포기하고 존덕성(尊德性)·도문학(道問學)[170]을 오로지 일삼아 마침내 여러 학자의 설을 집대성하였으니, 어찌 후세 사람이 본받아야 할 바가 아니겠는가?"라고 하였다. 첨모당이 절하며 사례하였다.

선생이 말하기를 "이번에 찾아온 것은 안의 삼동(安義三洞)[171]의 산수가 밝고 수려하다고 사람들이 많이 말하여 마음에 잊지 못해서입니다."라고 하자, 갈천이 말하기를 "저 또한 흥취가 적지 않습니다."

라고 하였다. 곧 그들과 함께 유람하였다. 첨모당은 가벼운 질병으로 돌아갔다. 드디어 먼저 원학동(猿鶴洞)을 유람하였고, 다음으로 장수동(長水洞)[172]에 이르렀고, 다음으로 옥산동(玉山洞: 花林洞)에 이르렀다.

선생이 절구 2수를 읊었다. 첫 번째 시에 "푸른 봉우리 우뚝 솟고 물은 쪽빛인데, 숨은 명승들 많이 취해도 탐욕은 아니리. 이를 잡으면서[173] 어찌 굳이 세상사를 말하리. 산수를 이야기해도 할 말이 많을 텐데."라고 하였고, 두 번째 시에 "봄바람 부는 삼월에 무릉도원으로 들어오니, 냇물 속의 파란 하늘 수면도 넓어라. 한 번 유람 내 분수에 넘친 것은 아니나, 한 번 인간 세상 유람하기가 또한 어렵구나."라고 하였다.[174] 갈천이 이어서 읊조리기를 "참된 근원 아직 찾지 못했는데, 해 저물어 탄식하며 돌아오네.[眞源窮未了 日暮悵然歸]"라고 하였다.[175] 선생이 말하기를 "주부자(朱夫子)도 오히려 '참된 근원은 구하여 도달할 수 있는 곳이 아님을 비로소 깨달았네.[始覺眞源求未到]'[176]라는 구절이 있었는데, 후학이 어찌 도(道)를 보는 경지를 쉽게 자처할 수 있겠습니까?"라고 하자, 갈천이 얼굴빛을 고치고 사죄하였다. 이날 저녁 갈천정사(葛川精舍)로 돌아가 모여 하루를 머물고 각자 흩어졌다.】

◎ **5월 소명을 받았으나 나아가지 않았다. 8월 상서원 판관(尙瑞院判官)[177]에 제수되었다. 교지를 내려서 재차 부르자, 비로소 소명에 나아갔다. 10월 한양에 들어갔다. 명종이 사정전(思政殿)에서 인대(引對)할 것을 명하였다. 다음 날 덕산으로 돌아갔다.**

【7월 임금이 교지를 내려 효유하기를 "내가 민첩하지 못하여 어진 이를 좋아하는 정성이 부족한 듯하다. 전날 비록 품계를 뛰어넘어 관직을 제수하였으나 나오려 하지 않아 내가 실로 부끄러웠다. 오늘날 초야에 묻힌 선비를 어찌 간절히 구하지 않겠는가? 날씨가 서늘해질 때를 기다려 역마를 타고 올라오라."라고 하였다.

8월 상서원 판관에 제수되었다. 또 교지를 내려 효유하기를 "지난번 경상도 관찰사 강사상(姜士尙)[178]이 장계한 것을 통해 노환으로 올라올 수 없음을 알았으니, 내 마음이 서운하였다. 내가 민첩하지 못하여 어진 이를 좋아하는 데 정성이 부족해서 이렇게 되었다고 생각하니, 또한 부끄러워할 만하다. 상당한 약제를 내릴 것이니, 노환에 구애받지 말고 편한 대로 잘 조섭하고 올라오라. 그리고 본도 감사로 하여금 먹을거리를 갖추어 지급하게 하였다. 운운."이라고 하였다.

선생이 처음 소명에 나아갈 적에 자신의 말을 타고 길을 나섰다. 가다가 죽산(竹山)[179]에 이르렀는데 길에서 대곡(大谷) 성 선생(成先生: 成運)을 만났다. 성 선생은 마침 도성에서 임금의 명에 사은숙배하고 귀향하던 중이었다. 선생이 말하기를 "지금 이 길을 어진 이가 올라가기도 하고 내려가기도 하니, 지금이 무슨 시절인가?"라고 하고서, 서로 한바탕 웃고서 작별하였다.

도성에 들어가 사은숙배하였다. 임금이 사정전에서 인견하고서 치란(治亂)의 도를 묻자, 선생이 대답하기를 "고금의 치란은 책에 실려 있으니, 신의 말이 필요하지 않을 것입니다. 신이 삼가 생각건대, 임금과 신하 사이는 정과 의리가 서로 부합하여 환히 통해 틈이 없어야 합니다. 이것이 곧 정치를 행하는 방도입니다. 옛날의 제왕은 신료를 벗처럼 대우하여 그들과 치도(治道)를 강론해 밝혔습니다. 지금은 비록 그렇게 할 수 없으나 반드시 정과 의리가 서로 부합한 뒤에야 정사를 행할 수 있습니다."라고 하였다. 또 아뢰기를 "지금 백성이 흩어지는 것이 마치 강물이 흘러가는 것처럼 도도하니, 그들을 구제하는 것은 마땅히 집에 난 불을 끄듯이 급급히 해야 합니다."라고 하였다.

임금이 학문을 하는 방도를 묻자, 대답하기를 "임금의 학문은 정치를 행하는 근본이니, 반드시 스스로 터득해야 합니다. 한갓 남의 말만 듣는 것은 이로움이 없습니다."라고 하였다.

임금이 또 삼고초려(三顧草廬)의 일에 대해 묻자, 대답하기를 "반드시 영웅을 얻은 뒤에야 큰일을 할 수 있었기 때문에 세 번이나 찾아간 것입니다. 소열제(昭烈帝: 劉備)가 처음 찾아왔을 때 제갈량(諸葛亮)이 나아가지 않은 것은 아마도 당시 형세가 그러했을 것입니다. 그러나 소열제와 함께 일한 것이 수십 년인데 끝내 한(漢)나라를 부흥시키지 못했으니, 이 점은 알지 못하겠습니다."라고 하였다.】

【○ 삼가 살펴보건대, 주자(朱子)의 글 중에 "제갈공명(諸葛孔明: 諸葛亮)은 본래 학문을 알지 못해 내용이 전부 박잡(駁雜)하며 신불해(申不害)·한비자(韓非子)에게서 나온 것이다."[180]라고 하였고, 또 "유장(劉璋)[181]을 속여 영토를 빼앗은 것은 의롭지 않은 듯하다."[182]라고 하였고, 과재(果齋) 이방자(李方子)[183]가 말하기를 "제갈공명은 일은 가능한 것을 구하고 공은 이룰 수 있는 것을 구했기 때문에 이와 같았던 듯합니다."라고 하자, 주자가 "그렇다."라고 하였다. 선생의 의

중은 제갈공명이 한나라를 부흥시키지 못하고 단지 후세의 현자에게 비판을 받았다고 여겼기 때문에 이렇게 대답한 것이다.】

【○ 오건(吳健)의 『덕계일기』에 "10월 초하루 선생께서 한양에 도착하실 것이라는 말을 듣고서 새벽에 일어나 한강(漢江)으로 가서 맞이하였다. 사시(巳時: 9~11시)가 되자 선생께서 도착하셨다. 모시고 강을 건너 서쪽으로 갔다. 전적(典籍) 정탁(鄭琢)[184]도 찾아와 모시고 이야기를 나누었다. 저녁이 되어 모시고 강계부사(江界府使) 이준민(李俊民)[185]의 집으로 갔다. 물러 나올 때 강계부사는 부친상을 당해 여막(廬幕)에 거처하고 있었다. ○ 3일 선생께서 사은숙배하셨다. 정자정(鄭子精: 鄭琢)이 의막(依幕: 임시 막사)을 설치하고 가서 함께 선생을 모시고 앉아 있었다. ○ 7일 선생께서 편전(便殿)에 입대(入對)하셨다. 이날 선생께서 선비들과의 만남을 허락하기로 약속하셨는데, 문밖에 운집한 선비들을 마주하게 되어 일일이 사절하였다. 선생을 만나지 못한 선비들이 찾아와 나에게 만남을 주선해 달라고 요청하였으나 나 또한 선생의 의중을 아는지라 매번 사절하였다. 찾아온 선비들이 흩어지고 날이 저물어서야 선생이 오셨다. 기대정(奇大鼎)만이 남아 있다가 선생에게 절하였다. ○ 8일 선생께서 이일재(李一齋: 李恒)와 약속이 있으셨는데, 그가 왔다는 소식을 듣고 즉시 사인 김보억(金保億)의 집으로 가서 만나셨다. ○ 11일 선생을 모시고 강가 나루터로 나갔다. 전별하려는 사람들이 운집하여 배 두 척을 가득 채웠다. ○ 12일 선생을 모시고 정릉(靖陵)[186] 앞에 이르러서 절하고 작별하였다."라고 하였다.】

【○ 선생이 남쪽으로 돌아오자, 노옥계(盧玉溪: 盧禛)가 편지로 빨리

돌아온 이유를 물었다. 선생이 답장을 보냈는데, 그 대략에 "내가 여러 차례 은명(恩命)을 받았으니, 한 번 대궐에 나아가 사은숙배하는 것이 예에 마땅할 것입니다. 도성에서 머뭇거리며 다시 무슨 일을 하고자 하겠습니까? 명공은 아침저녁으로 조정에 들어가시는데, 만약 도를 행하는 일도 없으면서 물러나지 않고 오래 머물면 구차하게 녹을 먹는다는 비난을 면치 못할 것입니다."라고 하였다.】

【○ 퇴계 선생이 말하기를 "나는 남명과 같은 세상에 태어나 아직 서로 만나보지 못했지만, 항상 사적으로 그리워하는 마음만은 간절하다. 지금 일어나 소명에 응하였으니, 또한 군자가 때에 따라 나가거나 물러나는 의리에 합당함을 보인 것이다."[187]라고 하였다. 】

【○ 또 퇴계가 청향당(淸香堂) 이원(李源)[188]에게 답한 편지에 "남명은 틀림없이 이미 덕산으로 돌아갔을 것입니다. 근래 경연(經筵)에서 남명을 부르자고 청하는 자가 또 있었는데, 마침 남명의 심사를 아는 자가 있어 바로 논하여 아뢰었습니다. 그러므로 멈출 수 있었으니, 남명을 위해 깊이 축하할 일입니다."라고 하였다.】

명나라 목종(穆宗) 융경(隆慶) 원년 정묘년(1567) 선생 67세

◎ 6월 명종(明宗)이 승하하였다.

◎ 11월 교지를 내려 불렀으나 사양하고 나아가지 않았다.

【선조가 내린 교지에 "아! 시내를 건널 적에는 반드시 배와 노를 준비해야 하고, 큰 집을 지을 적에는 마땅히 기둥과 대들보가 마련되어야 한다. 예로부터 천하와 국가를 소유한 사람 중에 현인과 준걸

한 사람을 등용하지 않고 학문이 높은 사람에게 임무를 맡기지 않고서 능히 치도(治道)를 일으킨 사람이 누가 있던가? 이에 우리 선왕(명종)께서 말년에 다시 교화를 펴 정성을 다해 다스림을 강구했으니, 어진 이를 좋아함에 정성이 있었고, 선비를 대우할 적에 예로써 하였다. 이에 모든 관료에게 명하여 유일(遺逸)을 찾았으니, 그 시대에 어진 이들은 교지를 특별히 받들어 역말을 갈아타고 달려와 포의(布衣)[189]로서 선왕을 만나 뵈었다. 선왕의 온화한 말씀이 정녕하였고, 장려함이 높고 지극하였으니, 대개 우리나라 유사 이래로 없었던 성대한 일이었다. 경성(景星)[190]이 다투어 나타나건만 흰 망아지는 매어두기가[191] 어려웠고, 총애와 품질(品秩)이 더해지자마자 선왕께서 승하하셨다.

깊은 충심은 상(喪)을 치르는 곁에서 간절하였고, 슬픈 통곡은 끝내 돌아가신 선왕에게 닿았다. 보잘것없는 못난 소자가 끝없이 큰 왕업을 계승하여 홀로 괴로워하며 오직 이 중임을 감당할 수 없을까를 두려워하였으니, 마치 큰물을 건너는데 나루터가 없는 듯하여 이른 아침부터 밤늦게까지 전전긍긍하나 건널 방도를 알지 못하겠다. 지금은 진실로 국가의 안위가 달린 시기이고, 종묘사직의 존망이 관계된 때이다. 옛날 상(商)나라 태갑(太甲)과 주(周)나라 성왕(成王)은 세상에 드문 어진 임금이었다. 그러나 오히려 왕위를 계승한 초기에 실덕(失德)이 있음을 면치 못하다가, 마침내 널리 구제하려는 노력에 힘입어 국가의 터전과 사업이 무너지지 않았다. 하물며 나는 어린 사람으로서 사저(私邸)에서 들어와 위로는 자전(慈殿)의 은혜를 받들어 국정을 총괄하지만, 본래 보양(輔養)하는 공부가 없고 체험하는 실질이 부족하니, 군덕(君德)의 명암(明暗)과 정치의 득실(得失)과 인물의 사정(邪正)과 고금의 성패(成敗)에 대하여 어떻게 밝게 보고 환히 알아서 일마다 자세하게 살피기를 깨끗한 거울처럼 하고 균평한 저울처럼 할 수 있겠는가? 비록 좌우에서 보필하는 신하들이 새벽부터 저녁까지 독실하게 돕지만 임무가 무겁고 길이 먼데도 퇴보만 있고 나아감이 없으며, 잘못은 많아지고 허물이 날로 드러난다.

이에 나는 근심하고 두려워하여 내가 죄를 지어 스스로 재앙을 부른 것일까 염려된다. 어떤 사람에게 한 조각 선한 점이 있고, 어떤 선비에게 한 치의 장점이 있더라도 조정에서는 모두 함께 나라를 다스리고자 생각할 것이다. 그런데 하물며 그대는 고상한 의리를 우뚝하게 수립하고서 천승(千乘)의 지위[192]도 가벼이 여기고 어지러운 세상을 벗어나 홀로 떠나서 나라를 경륜할 재주를 온축하고 유용한 학문을 깊이 간직한 사람이라고 들었으니, 말해 무엇하겠는가. 이에 내가 정성을 다하자, 꿈속에 나타났다.

바라건대 내가 덕이 없고 우매하여 함께 큰일을 하기에 부족하다고 여기지 말고 선뜻 한 번 몸을 일으켜 나로 하여금 도(道)를 넓히는 방도를 듣게 하고, 선(善)을 취하는 길을 더욱 넓게 하라. 나를 장악(莊嶽)에 두고 제(齊)나라 말을 배우게 하면서 설거주(薛居州) 한 사람에게만 떠맡기지 말고,[193] 그대는 초려(草廬)에서 일어나 한(漢)나라의 왕업을 도운 제갈공명(諸葛孔明)을 본받기를 바란다. 그렇게 한다면 곤궁해도 의(義)를 잃지 않고 영달해도 도(道)에 이반되지 않을 것이니, 어찌 오직 배운 바를 저버림이 없을 뿐이겠는가? 또한 그렇게 함으로써 선왕(명종)께서 알아봐 주신 것에 보답하는 점도 있을 것이다.

백성이 흩어져 멸망할 지경이 되었고 나라의 근본이 무너지고 쇠락하여 마음이 아프고 보기에도 참혹하니, 내가 장차 누구를 의지하겠는가. 옛날 과부가 씨줄을 걱정하지 않고 주(周)나라 왕실을 슬퍼하였으며[194], 여인이 아욱밭을 안타까워하며 노(魯)나라를 근심하였다.[195] 저 무지힌 여인들도 나라에 대한 충성스러운 걱정이 절박하여 이런 지극한 말을 하였다. 고상하고 어진 덕으로 세상을 초탈하는 마음과 한 시대를 주간할 국량을 가진 현인이 어렵고 위태로운 시기를 만나 오히려 안타까워하지 않고 무심한듯 마음에 동요가 없다면 시대를 근심하고 임금을 사랑하는 의리가 과연 두 여인과 비교하여 어떠하겠는가?

대저 어려서 배우는 것은 장성하여 실천하기 위해서이고, 곤궁할 때 재능을 기르는 것은 영달하여 시행하기 위해서이다. 오직 시대의 가부(可否)와 도의 시비(是非)를 보고서 벼슬길에 나가거나 물러나며 재주를 드러내거나 감추니, 사군자(士君子)가 처신하고 지향하는 것은 이를 벗어나지 않는다. 만약 한 집안에서 싸움이 났는데도 오히려 문을 닫고 지키는 일만 견고히 한다면, 이는 단지 새벽 문지기[196]나 삼태기를 진 자[197]처럼 결신난륜(潔身亂倫)하는 자의 행실일 뿐이니, 때에 맞게 권도(權道)를 행하고 도(道)에 따라 처신하는 현자에게 기대하는 바가 아니다.

아! 선한 사람은 천지의 기강이고, 군자는 국가의 터전이다. 내가 상중에 처해 있으면서 어찌 과장하고 꾸미는 조처를 하여 헛되이 고

사(故事)를 따를 뿐이겠는가. 진실로 바라건대, 한번 포륜(蒲輪)[198]을 타고 대궐로 나와 좋은 말과 곧은 의론으로 허물을 바로잡고 잘못을 규찰하며, 고상한 풍도와 우뚝한 절개로 또한 세상의 모범이 되고 속인의 스승이 되어 나의 부족한 덕으로 하여금 전도된 길로 가지 않을 수 있게 하라. 이는 나의 지극한 생각이니, 현자는 유념하라."라고 하였다.】

【○ 선생은 사양하고 나아가지 않았다. 그 상소의 대략에 "신은 매우 늙어 병이 깊고 죄도 깊으니, 감히 부르시는 명에 나아갈 수 없습니다. 또 재상의 직무는 사람을 쓰는 것보다 더 큰 것이 없는데, 지금은 선악(善惡)을 논하지도 않고 사정(邪正)을 구분하지도 못합니다. 운운."이라고 하였다. 대개 당시 어떤 근신(近臣)이 경연 중에 임금에게 아뢰기를 "조식(曺植)이 배운 바는 유자(儒者)와 다릅니다."라고 하였기 때문에 이런 말로 사양한 것이다.】

◎ **또 교지를 내려 불렀으나 사양하고 나아가지 않았다.**

【그 교지에 "내가 어진 선비를 만나고 싶은 마음은 하루하루 더욱 급해지나, 다만 나이가 많은 사람이 이처럼 추운 날씨에 혹 한기에 몸이 상해 길을 나서지 못할까 염려된다. 그대는 더디 오거나 빨리 오는 데에 구애받지 말고 날씨가 따뜻해지기를 기다려 천천히 올라오라."라고 하였다.】

【○ 선생은 사양하며 나아가지 않았다. 그 상소의 대략에 "청컨대 '구급(救急)' 두 자를 바쳐 저의 몸을 바치는 것을 대신하고자 합니다."라고 하였다. 그리고서 당시의 폐단 십수 조목을 차례대로 거론

하며 말하기를 "온갖 병폐가 바야흐로 시급하여 하늘의 뜻과 사람의 일을 예측할 수 없습니다. 이를 내버려두고 구제하지 않으면서 헛된 명분과 그럴듯한 논변만 일삼으며[199] 아울러 산야에 버려진 신을 구해다 어진 이를 구한다는 미명(美名)을 보태려 하니, 명분이 실상을 구제할 수 없는 것이 그림의 떡으로 굶주린 이를 구제할 수 없는 것과 같습니다. 청컨대 완급(緩急)과 허실(虛實)로써 더욱 자세히 살펴 치분하십시오."라고 하였다. 그때 주상은 유학(儒學)에 대해 바야흐로 물으셨는데, 여러 어진 이들이 조정에 가득하였는데도 조정의 기강이 떨쳐지지 못하고 나라의 근본이 날로 무너져갔다. 선생은 대개 이 점을 깊이 우려하였기 때문에 그것을 언급한 것이다.】

융경 2년 무진년(1568) [선종대왕(宣宗大王) 원년] 선생 68세

◎ 5월 교지를 내려 불렀다. 봉사(封事)[200]를 올리고 사양하며 나아가지 않았다.

【상소 가운데 쇠약하고 병들어 나가기 어려운 뜻을 먼저 진술하고, 다음으로 임금이 정치를 하는 근본임을 논하였고, 마지막으로 서리(胥吏)들의 폐단을 극언하였다. 그리고 끝에 다시 말하기를 "신이 전일 '위급한 것을 구제해야 한다[救急]'고 아뢴 일에 대해 전하께서 급급하게 여겨 불 속에서 구제하고 물 속에서 건져내는 것처럼 하신다는 말을 아직 듣지 못했습니다. 응당 늙은 유학자가 자신의 정직함을 파는 말로 마음을 움직이기에 부족하다고 여기셨을 것입니다. 전하께서 만약 신의 말을 버리지 않고 너그럽게 포용하신다면 신이 비록 천 리 밖에 있더라도 전하의 용상 아래에 있는 것과 같을 것입니

다. 어찌 굳이 누추한 늙은이를 면대하신 뒤에야 신을 등용하는 것이겠습니까? 만약 신의 말을 좋아하지 않으면서 단지 신을 만나보려는 것일 뿐이라면 아마도 섭공(葉公)이 용을 좋아하던 일[201]이 될 듯합니다."라고 하였다. 소가 올라가자, 선조는 교지를 내려 너그럽게 비답하기를 "전일 아뢴 뜻을 내가 항상 좌우에 두고 살펴보는 사이에 이 격언을 보니,

「무진봉사」
『남명집』(계명대학교 동산도서관 소장)

그대의 재주와 덕이 높은 줄을 더욱 알겠다. 내 비록 민첩하지 못하나 또한 마땅히 유념할 것이다."라고 하였다.】

◎ **7월 부인이 김해(金海)의 옛집에서 세상을 떠났다.**
【맏아들 차석(次石)이 상례를 주관하여 김해에 장사 지냈다.】

◎ **이해 구암(龜巖) 이정(李楨)과 절교하였다.**
【선생은 구암과 본래 교분이 있었다. 당시 진주(晉州)의 하씨(河氏) 문중에 옥사[202]가 일어났는데, 구암이 그 집과 집안끼리 서로 관련이 있어 온 힘을 다해 구원하였다. 또 선생에게 편지를 보내 사죄하기를 "저는 하씨 집안의 종형제에게 속았습니다. 가벼이 발언하면서 입을 다물지 못했으니, 그 죄를 어찌 피할 수 있겠습니까? 이전의 말

부인 남평조씨의 묘

이 실상과 어긋나 사람들의 비난을 초래한 것을 통렬히 후회합니다.
운운.”이라고 하였다. 나중에 또 방백(方伯: 경상감사)에게 풀어주기
를 요구하며 남은 힘을 다 쏟았다. 그러므로 선생이 답한 편지에 “군
자는 그 덕을 이랬다저랬다 하지 않습니다.”라고 한 것이다. 그 뒤
구암의 손자 이곤변(李鯤變)이 음험하고 사특한 마음으로 『의와졸
변(疑訛拙辨)』을 지어 저주하고 헐뜯는 것이 매우 심했다.】

【○ 송암(松巖) 이로(李魯)[203]의 『용사록(龍蛇錄)』[204]에 “김학봉(金鶴
峯: 金誠一)과 이곤변은 처음에 서로 사이좋게 지냈는데, 이곤변이
호인(湖人)[205]을 끌어들여 선생을 비방한 것이 그 뒤 세 차례에 이른
것을 듣자, 절교하여 만나지 않았다. 오장(吳長)[206]에게 묻기를 ‘이
곤변은 어떤 사람인가?’라고 하자, 오장이 말하기를 ‘이곤변은 과연

음험하고 편파적이니, 온 집안이 감당하기 어려운 사람입니다'라고 하였다. 학봉이 그의 등을 어루만지며 말하기를 '덕계(德溪: 吳健)는 훌륭한 아들을 두었다고 이를 만하다'라고 하였다."라고 하였다. 대개 이곤변은 오장에게 처숙부가 되는데도 오장이 사실대로 대답하였기 때문에 그렇게 말한 것이다.】

융경 3년 기사년(1569) 선생 69세

◎ 종친부 전첨(宗親府典籤)[207]에 제수되었으나 나아가지 않았다.

【조정에서 벼슬자리를 비워두고 기다린 것이 거의 1년이었다.】

융경 4년 경오년(1570) 선생 70세

◎ 재차 불렀으나 모두 사양하였다.

【살펴보건대 병인년(1566) 이후[208]로는 벼슬할 만하였으나 선생이 끝내 소명에 응하지 않은 것은 어째서인가? 대개 이때 선생의 나이가 이미 일흔이었으니, 어찌 치사(致仕)[209]할 나이를 처음 출사하는 시점으로 삼을 수 있겠는가. 세상 사람들은 단지 선생이 출사하지 않은 점만 보고서 선생은 뜻이 높아 남에게 굽히지 않는 한 가지 절개만 지키는 선비라고 의심하니, 또한 지나치지 않은가.】

융경 5년 신미년(1571) 선생 71세

◎ 정월 퇴계(退溪: 李滉) 선생의 부음을 들었다.

【작년 12월 퇴계 선생이 졸하였다. 이때 이르러 선생이 부음을 듣고서 매우 슬퍼하고 애도하였다. 그리고 눈물을 흘리며 말하기를 "같

은 해에 태어나 같은 도에 살면서도 서로 만나보지 못했으니, 어찌 천명이 아니겠는가. 이 사람이 세상을 떠났으니, 나도 오래 살지 못할 것이다.”라고 하였다. 이에 책자에 『사상례절요(士喪禮節要)』를 써서 문인 하응도(河應圖) 등에게 주며 말하기를 “내가 죽거든 이 책에 있는 대로 장례를 치르고, 산천재(山天齋) 뒤편 언덕에 장사 지내면 될 것이다.”라고 하였다.】

◎ **4월 본도(경상도)에 특별히 명을 내려 음식물을 하사하였다. 선생은 소를 올려 사은하는 뜻을 진달하였다.**

【소의 대략에 “선비가 길에 쓰러져 있는 것은 나라를 소유한 임금의 수치입니다. 전하께서는 그런 근심을 자신의 임무로 여기신 것이겠지만, 신은 사적으로 감사하는 마음을 감당하지 못하겠습니다. 성상께서 곧 혜선(惠鮮)의 은혜[210]를 내려주셨으니, 미천한 신이 감히 근폭(芹曝)[211]을 바치지 않을 수 있겠습니까? 삼가 ‘군의(君義)’ 두 자를 바치니, 몸을 닦고 나라를 정돈하는 근본으로 삼으십시오.”라고 하였다. 임금이 비답하기를 “상소를 살펴보니, 그대가 나라를 걱정하는 정성을 알 수 있다. 비록 초야에 있지만 조금도 임금을 잊은 적이 없으니, 매우 가상하다. 하사한 것은 보잘것없는 것이니, 어찌 사은할 것이 있겠는가.”라고 하였다.】

◎ **한훤당(寒暄堂) 김굉필(金宏弼)[212] 선생의 화병(畫屛)에 발문(跋文)을 썼다.**

【그 대략은 다음과 같다. “경오년(1570) 주상께서 소대(召對)하실

때 '김굉필의 유적(遺跡)을 볼 수 있는가?'라고 물으시니, 승선(承宣: 승지) 이충작(李忠綽)이 등대(登對)하여 '신이 한 민가에서 김굉필이 집에 간직하고 있던 화병첩(畫屛帖)을 보았습니다'라고 하였다. 선생의 손자 초계군수(草溪郡守) 김립(金立)이 이충작에게 탐문하니, 이충작이 말하기를 '현감 오언의(吳彦毅)의 손자 학유(學諭) 오운(吳澐)[213]의 집에서 본 적이 있다'고 하였다. 애초 그의 처가 허원보(許元輔)의 집에서 얻었던 것인데, 새 비단으로 다시 표구하여 초계군수에게 주었다. 초계군수는 나이가 여든에 가까운데 이 일 때문에 두류산(頭流山: 지리산)으로 나를 찾아와 그 일의 전말을 기록해 주기를 청하였다."】

◎ **9월 덕계(德溪) 오건(吳健)이 찾아와 배알하였다.**

【덕계가 지은 제문에 "지난해 늦가을 산기슭으로 찾아뵈었는데, 덕스러운 모습은 아름답고 순수하며, 말씀하시는 기운은 크고 확실하셨습니다. 운운."이라고 하였다.】

◎ **11월 옥계(玉溪) 노진(盧禛)이 찾아와 배알하였다.**

【옥계가 지은 제문에 "작년 한겨울에, 비탈길을 한번 올랐네. 성긴 소나무가 빗물에 씻겨, 그윽한 오솔길에는 잎이 떨어졌네. 뜰과 섬돌에서 서로 인사하며, 앙모하는 마음 더욱 느꼈네. 공을 바라보면 날아오르는 봉새와 같았고, 나는 땅강아지나 개미와 같았네. 운운." 이라고 하였다.】

◎ **12월 병으로 자리에 누웠다.**

【이달 21일 등창을 앓았는데, 침과 약이 모두 효과가 없었다.】

융경 6년 임신년(1572) 선생 72세

◎ **정월 옥계(玉溪) 노진(盧禛)과 한강(寒岡) 정구(鄭逑)가 찾아와 뵈었다.**

【한강이 찾아와 뵙고서 보름 동안 머무르며 간호하다가 돌아갔다. 옥계도 와서 문병하고 돌아갔다. 한강이 말하기를 "선생께서 병으로 자리에 누웠다는 소식을 듣고서 달려가 뵈니, 선생은 병이 비록 깊으셨으나 기운이 맑고 말씀하시는 것이 힘차고 분명하여 평소의 모습과 조금도 다름이 없으셨습니다."[214]라고 하였다.】

【「행록(行錄)」[215]에 다음과 같이 기록하였다.

"14일 선생의 병이 심해졌다. 문생들이 나아가 아뢰기를 '선생께 저희를 가르치실 말씀을 청합니다'라고 하자, 선생께서 말씀하기를 '온갖 의리는 그대들이 스스로 알 것이다. 다만 독실하게 믿는 것을 귀하게 여긴다'라고 하시고, 또 말씀하기를 '여러 벗이 여기에 있으니, 나는 죽더라도 영광이다. 또 아녀자가 슬피 우는 모습이 보이지 않으니, 이는 대단히 즐거운 일이다'라고 하셨다. 또 시사(時事)를 극론하며 강개하여 주먹을 불끈 쥐셨는데, 평소와 같은 모습이 있었다. 내가 청하며 아뢰기를 '만에 하나 일어나지 못하시면 어떤 칭호로 선생을 일컬어야 하겠습니까?'라고 하자, 선생이 말씀하기를 '처사(處士)라고 하는 것이 옳겠다. 이는 내 평생의 지향이다. 만약 처사라고 쓰지 않고 관작으로 일컫는다면 이것은 나를 저버리는 일이다'라고 하셨다.

○ 15일 아침 우리를 불러 말씀하기를 '내 오늘 정신이 전과 같지 않으니, 아마도 죽을 듯하다. 다시는 약을 올리지 말라'고 하셨다. 내가 손으로 두 눈을 닦고 눈동자를 열어 보았는데, 정기가 맑아 평소와 다름이 없었다. 또 창문을 열게 하고 말씀하기를 '날씨가 저렇게도 청명하구나'라고 하셨다. 또 말씀하기를 '벽에 써 붙인 경의(敬義) 두 자는 지극히 절실하고 긴요하니, 학자는 이를 익숙히 공부해야 한다. 익숙해지면 가슴속에 한 사물도 없게 될 것이다. 나는 아직 그 경지에 도달하지 못하고 죽는구나'라고 하셨다. 내가 머리를 동쪽으로 두어 생기(生氣)를 받을 것을 청하자, 선생이 말씀하기를 '머리를 동쪽으로 둔다고 어찌 생기를 받을 수 있겠는가?'라고 하셨다. 두세 번 청하고 또 바르게 생을 마치는 설을 아뢰자, 선생이 허락하며 말씀하기를 '군자는 남을 사랑할 적에도 예로써 한다'라고 하시고, 마침내 머리를 동쪽으로 두셨다. 선생은 이미 약물을 끊고 미음을 드시지 않으셨는데, 종일 누워계시면서도 정신이 또렷하여 혼미하지 않았다.

○ 문하의 제자들이 나아가 아뢰기를 '약물을 끊으시는 것은 참으로 명을 받들었습니다만, 미음을 올리지 말라고 하신 것은 자연스럽게 생을 마감하는 도리가 아닌 듯합니다'라고 하자, 선생이 미음을 올리는 것을 조금 허락하셨다. 저녁 무렵에 조금 회생하여 다시 20여 일을 더 사셨다."】

◎ **2월 6일 이광우(李光友)**[216]**가 찾아와 문후하였다.**

◎ 문인 하응도(河應圖), 손천우(孫天祐)²¹⁷, 유종지(柳宗智) 등에게 의례(儀禮)에 따라 장례를 치를 것을 명하였다.

【작년 봄 일찍이 『사상례절요』를 하응도 등에게 주었는데, 지금 다시 명을 내린 것이다.】

◎ 8일 정침(正寢)에서 세상을 떠났다.

【정월 본도(경상도)에서 선생이 병을 앓고 있다는 사실을 조정에 아뢰어 임금이 내시를 보내 문병하였는데, 그가 도착하기 전에 선생이 세상을 떠났다.】

【○ 임종할 적에 의리상 부인의 손에서 숨을 거두지 않고자 하여 부인도 가까이 올 수 없게 하였고, 집안 안팎에 안정할 것을 훈계하였다. 문인들에게 웃으며 말하기를 "죽고 사는 것은 떳떳한 이치이다."라고 하고서 잠자리에 들듯이 태연하였다.】

【○ 전년 겨울 두류산의 나무에 상고대가 맺혀 식자들은 철인(哲人)에게 우환이 있을 것이라 여겼는데, 선생이 과연 병이 나서 낫지 못했다. 세상을 떠나던 날 세찬 바람이 불고 폭우가 내렸는데, 사람들은 우연이 아니라고 여겼다.】

【○ 남사고(南師古)²¹⁸는 천문(天文)을 잘 보았다. 신미년(1571) 겨울 사람들에게 말하기를 "소미성(少微星)²¹⁹의 정기가 희박하니 틀림없이 처사(處士)에게 재앙이 있을 것이다."라고 하였는데, 얼마 뒤 선생의 병이 심해져 이듬해 2월에 세상을 떠났다. 부고가 아직 서울에 들어가지 않았을 때, 남사고가 또 말하기를 "소미성에 정기가 완전히 없어졌으니, 처사가 틀림없이 이미 세상을 떠났을 것이다."라

고 하였는데, 잠시 후 부고가 이르렀다.】

【○ 또 이지화(李枝華)라는 사람이 천문을 잘 보았는데, 어느 날 한밤중에 토정(土亭) 이지함(李之菡)[220]의 문을 두드렸다. 토정이 그 까닭을 묻자, 그가 말하기를 "소미성의 정기가 문득 완전히 사라졌기에, 그대의 신변에 재앙이 생겼는가 하여 찾아와 문안하는 것입니다."라고 하였다. 토정이 말하기를 "아! 이 무슨 말인가? 틀림없이 남명(南冥) 조 처사(曺處士)일 것이다."라고 하였는데, 나중에 소식을 들으니, 과연 그러하였다.】

◎ **부고가 알려지자, 임금이 부의(賻儀)를 하사하고 치제(致祭)할 것을 명하고, 선생을 통정대부(通政大夫) 사간원 대사간(司諫院大司諫)에 추증하였다.**

【예조좌랑 김찬(金瓚)[221]을 보내 효유하며 제사 지내게 하였다. 그 제문은 다음과 같다.

"아! 영령이시여. 산천의 바른 기운과, 우주의 깨끗하고 빼어난 기운을 받았네. 타고난 바탕은 준수하고 환하며, 품부받은 자질은 순수하고 밝았네. 난초밭에서 싹이 돋아나듯, 학문이 있는 가정에서 태어났네. 글을 배우고 문예를 익혀, 막 갈아낸 칼처럼 무리에서 뛰어났네. 일찍이 큰 의리를 발견하고, 깊은 이치를 널리 탐구했네. 우뚝하고 우뚝한 공자(孔子)와 안자(顏子)를 보고, 그 경지에 도달하기를 기약하였네.

하늘이 사문(斯文)에 화를 내리니, 사림은 이끌어 줄 사람을 잃었네. 참되고 순박한 풍조가 무너져, 시대의 조류에 아첨할 뿐이었네. 지

향하는 바를 더욱 굳게 하여, 공
은 지조를 변치 않았네. 글 짓는
일은 여사로 여기고, 도에 진보
하길 정성스럽게 했네. 이에 조
예가 있었으나, 마침내 화려한
명성을 싫어하였네. 아름다운 옥
을 품고서, 노을 낀 산수에 깊이
은거하였네. 아침저녁으로 옛글
을 읽으며, 강론하는 데에 더욱
힘썼네. 높은 산처럼 우뚝하였
고, 드넓은 강물처럼 깊었도다.
맑은 의표는 서리처럼 깨끗하고,

선조의 치제문
『남명집』(계명대학교 동산도서관 소장)

아름다운 덕성은 난초처럼 향기로웠네. 얼음으로 만든 호리병에 가
을 달이 비친 듯 깨끗하였고, 덕스러운 별과 경사스런 구름처럼 상
서로웠네.

멀리 은거한다고 어찌 세상사를 잊었으랴, 외척의 발호를 깊이 걱정
하였네. 아! 그의 마음은, 임금을 요순으로 만들고 백성을 요순 시대
백성으로 만들고자 하였네. 선왕께서 등극하신 초기에, 도적 같은
신하가 권력을 잡았네. 백이(伯夷)를 탐욕스럽다 하고 도척(盜跖)을
청렴하다 하며[222], 간사한 무리들이 바른 사람들을 공격하였네. 세
가지 정기[223]가 흐려지고, 인간의 기강이 뒤집히려 하였네. 하늘을
우러러 생각하며 깊이 사유해도, 누구를 의지하며 누구를 법도로
삼을 것인가. 하늘이 우리 임금을 도우셔서, 어진 사람 부르기로 마

음을 정하셨네.

대궐에서 부르는 교서를 내려, 초빙하는 예물이 끊이질 않았네. 공이 이에 떨쳐 일어나서, 나라를 위해 몸 바치려 하였네. 곧은 말은 바람을 일으키는 듯하였으며, 의리는 바르고 말은 준엄하였네. 누가 말했던가, 봉황새가 우니 사람들의 다문 입이 풀린다고. 간사한 아첨꾼은 뼛속이 서늘하고, 자리만 차지한 관료들은 식은땀이 흥건하였지. 공의 위엄은 종묘사직을 진압하고, 공의 충성은 조정의 대신들을 격동시켰네. 사람들이 공에게 위태롭다고 말했으나, 공은 조금도 두려워하지 않았네. 이에 말년에 이르러서는, 선왕께서 깊이 근심하셨네. 사특한 자를 내쫓고 간사한 자를 물리치며, 어진 이를 생각하고 덕 있는 이를 찾으셨네. 제일 먼저 우리 공을 기용하여, 소명을 받든 역마가 자주 달려갔었지. 선비의 복장인 베옷을 입고 대궐

선조의 사제비문

에서 알현하고, 아름다운 말을 모아 임금에게 바쳤네. 메아리가 울리듯 물음에 응대하고, 물고기가 물을 만난 듯 서로 기뻐하였네. 공은 옛집을 그리워하여, 이에 돌아가길 재촉하였네. 흰 망아지[224]는 매어두기 어렵지만, 조정에 있어 달라고 말씀하였네.

내가 보위를 잇고서는, 일찍이 공의 명성을 흠모하였네. 이에 선왕의 뜻을 좇아, 여러 차례 벼슬을 내렸네. 공은 아득히 멀리 있으니, 나의 부족한 정성이 부끄러웠네. 충성을 다하여 올린 글은, 말이 곧고 식견이 넓었네. 아침저녁으로 그 글을 마주하면서, 병풍에 써놓은 경구를 대신하였네. 바라건대 공이 조정으로 올라와, 나의 팔다리가 되어주었으면 하였네. 어찌 알았으리 한번 병들자, 소미성이 징조를 드러낼 줄을. 냇물을 건널 때 누구를 의지하며, 높은 산을 어떻게 우러러보랴. 소자는 누구를 의지하며, 백성들은 누구를 바라보랴. 말과 생각이 여기에 미치니, 나의 마음이 슬프도다.

옛날 은둔한 사람들을 생각하면, 대대로 크게 빛나는 분들이 계셨네. 허유(許由)와 무광(務光)[225]이 명성을 세웠기에, 요임금과 순임금이 창성하였네. 노중련(魯仲連)은 진(秦)나라를 거부하였고,[226] 엄광(嚴光)은 한(漢)나라를 부지하였네.[227] 비록 하나의 절개라고 말하지만, 오히려 환난을 그치게도 하였네. 하물며 공의 아름다운 덕은 말해 무엇하리, 금이나 옥처럼 바르고 단단하였으니. 몇 마지기 밭이랑에 깃들어 살았으나, 세상 사람들에게 큰 영향을 미쳤네. 그 빛은 한 시대를 밝히고, 공덕은 백세에 보존되리. 어떤 영광스러운 증직을 내리더라도, 어찌 그 예우를 다한 것이겠는가. 옛날 어진 임금들은, 현인과 같은 시대에 살지 못한 것을 한스러워하였다지. 내가 이

말을 음미해 보고서, 마음속으로 매우 부끄러웠네. 공의 음성과 용모를 영원히 만날 수 없으니, 이 한스러움을 어찌 헤아릴 수 있으랴. 저 남쪽 땅을 바라보니, 산은 높고 물은 길도다. 하늘이 어진 이를 남겨두지 않아, 큰 원로가 계속해서 세상을 떠나네. 나라가 이 때문에 텅 비었으니, 본보기가 없음을 어찌하리오. 근신을 보내어 맑은 술을 올리니, 나의 마음이 슬프도다. 정령께서 이 마음 아신다면, 나의 향기로운 술을 흠향하소서.”】

◎ 4월 6일 산천재(山天齋) 뒤편 언덕에 장사 지냈다.

【선생의 유명을 따른 것이다. 한 시대의 명사들이 장례에 찾아왔는데 수백 명에 이르렀다.】

산청 덕천서원 전경

산청 덕천서원

명나라 신종(神宗) 만력(萬曆) 4년 병자년(1576)

◎ 덕천서원(德川書院)을 창건하였다.

【선생이 세상을 떠나신 지 5년 뒤 수우당(守愚堂) 최영경(崔永慶), 각재(覺齋) 하항(河沆), 손천우(孫天祐), 유종지(柳宗智)가 모여 의논하고서 덕천동(德川洞)에 서원을 세웠다. 산천재(山天齋) 서쪽 3리쯤에 있다. 만력 임진년(1592)에 왜적에 의해 불탔다. 10년 뒤 임인년(1602)에 진극경(陳克敬)·이정(李瀞)·하징(河憕)[228] 등이 중건하였다.】

◎ 회산서원(晦山書院)을 창건하였다.

【노흠(盧欽)·송희창(宋希昌) 등이 여러 선비와 함께 의논하여 회현(晦峴)에 세웠으니, 삼가현(三嘉縣) 서쪽 20리쯤에 있다. 만력 임진년(1592) 왜적에 의해 불탔다.】

만력 6년 무인년(1578)

◎ 신산서원(新山書院)을 창건하였다.

【당시 하진보(河晉寶)[229]가 김해부사(金海府使)로 있었는데, 고을 사람들을 창도하여 산해정(山海亭) 옛터에 신산서원을 창건하였다. 임진년(1592) 왜적에 의해 불탔다. 17년 뒤 무신년(1608)에 황세열(黃世烈)[230]·허경윤(許景胤)[231] 등이 중건하였다.】

만력 29년 신축년(1601)

◎ 용암서원(龍巖書院)을 창건하였다.

【회산서원의 옛터가 골짜기 안의 좁은 곳에 있었는데, 여러 선비가 모여 의논해서 향천(香川)²³²으로 옮겨서 세웠으니, 합천(陜川)과 삼가(三嘉) 두 고을의 경계에 있다. 송희창(宋希昌)²³³·문경호(文景虎)²³⁴·조응인(曺應仁)²³⁵ 등이 서로 마음을 다하여 공사를 감독하였다.】

만력 36년 무신년(1608)

◎ 2월

【선종대왕(宣宗大王)이 승하하였다.】

만력 37년 기유년(1609) [광해군(光海君) 원년]

◎ 덕천서원·신산서원·용암서원 세 서원에 편액을 내렸다.

【승정원(承政院)에서 아뢰기를 "지금 듣건대, 진주(晉州)·삼가(三嘉)·김해(金海) 등에 모두 이미 조식(曺植)을 위해 서원을 중수했다고 합니다. 편액을 내려 포상하고 숭상하는 뜻을 보이면 사기(士氣)를 진작시킬 수 있으니, 우리 유도(儒道)와 후학에게 어찌 매우 다행이 아니겠습니까?"라고 하니, 해당 관청으로 하여금 회계(回啓)하게 하였다. 예조(禮曹)에서 아뢰기를 "고(故) 증 대사간 조식은 산림에서 큰 뜻을 품고 은거하여 학문을 독실히 하고 행실을 힘썼습니다. 그가 실천하고 학문이 진보한 공적은 옛사람에게 비하여도 부끄러울 것이 없을 수 있습니다. 향리의 후학들이 그를 종사(宗師)로 삼고 서원을 건립하여 경모하는 뜻을 부치니, 만약 조정에서 특별히 편액을 내려 아름답게 꾸미게 한다면 어진 선비를 존숭하고 장려하

김해 신산서원 전경

합천 용암서원 전경

는 도리가 성대하다고 이를 만할 것입니다."라고 하니, "아뢴 대로
하라."고 윤허하였다.】

만력 43년 을묘년(1615)

◎ **대광보국숭록대부**(大匡輔國崇祿大夫) **의정부 영의정 겸 영경연 홍문관
예문관 춘추관 관상감사 세자사**(議政府領議政兼領經筵弘文館藝文館春秋
館觀象監事世子師)**에 추증하고 시호를 문정공**(文貞公)**이라 내렸다.**

【도덕이 높고 견문이 넓은 것을 '문(文)'이라 하고, 강직한 도리로
굽히지 않는 것을 '정(貞)'이라 한다.】

【○ 2월 25일 성균관의 유생들이 소를 올려 관작을 추증하고 시호
를 내릴 것을 청하였다. 3월 15일 예조에서 회계하기를 "선정신(先
正臣) 조식은 도학이 끊어진 뒤에 태어나 사문을 흥기시키는 것을
자신의 임무로 삼고 마음을 붙잡아 굳게 지키는 공부와 실천하는
실상이 이윤(伊尹)의 지향과 안자(顏子:顏回)의 학문 아닌 것이 없
었습니다. 높은 경지로 곧장 나아가 우리 도의 정통을 계승하였으나
크게 시행할 수 없어 은둔하다가 세상을 떠났으니, 어찌 유림이 길
이 애통해할 일이요, 세도의 불행이 아니겠습니까. 그의 유풍(遺風)
과 여운(餘韻) 덕분에 무너진 풍속을 격려하였고, 은미한 말과 지극
한 가르침은 후학에게 모범이 되어 강상(綱常)을 부지하고 의리(義
利)를 판별하였으니, 지금 이 유생들의 상소는 어진 이를 존숭하는
정성에서 나온 것입니다. 하물며 지금 인심이 선하지 못하여 인륜이
무너져가니, 이는 바로 선정신을 포상하고 숭상하여 풍조를 전환하
고 사기(士氣)를 진작시켜야 할 시기입니다. 시호는 행실의 자취이

니, 큰 행실이 있는 사람이 큰 이름을 받는 것은 법전에 본래 그러합니다. 옛 선정신 김굉필(金宏弼)은 승지(承旨)에 추증되었는데, 공론이 상례(常例)로써 추증한 것은 남다른 행실을 드러내기에 부족하다고 여겨, 품계를 올려줄 것을 청하여 마침내 영의정에 추증된 일이 있었습니다. 이 또한 명백히 전례가 있으니, 마땅히 유생들의 상소에 의하여 우선 품계를 높이고, 다음으로 시호를 논의하는 것이 어떻겠습니까?"라고 하니, "아뢴 대로 하라."고 윤허하였다.】

만력 45년 정사년(1617)

◎ 영남(嶺南) 생원(生員) 하인상(河仁尙)[236] 등 수백 명이 소를 올려 문묘(文廟)에 종사할 것을 청원하였으나, 윤허를 받지 못하였다.[237]

【소[238]에 다음과 같이 말하였다.

"엎드려 생각건대, 나라는 도(道)를 통해 존엄해지고 도는 학문을 통해 이루어지니, 나라를 다스리면서 도를 숭상하지 않으며 도를 행하면서 학문을 근본으로 삼지 않는다면, 나라는 나라답지 못하고 도는 도답지 못할 것입니다. 그런데 도는 빈말로 행해질 수 없으며 학문은 저절로 밝혀질 수 없으니, 반드시 세상에 뛰어난 진유(眞儒)가 태어나 도학(道學)의 주재(主宰)가 되고 사문(斯文)의 준적(準的)이 되어야 합니다. 그런 뒤에야 도가 이루어지고 학문이 밝아져서 기강이 이로써 실추되지 않고 나라가 이로써 무너지지 않아, 사람은 사람답게 되고 나라는 나라답게 될 것입니다. 그러니 진유가 국가에 미치는 영향이 중차대하지 않겠습니까?

이런 까닭에 옛날의 명철한 임금은 어진 선비를 존숭하여 생존 여부를 따지지 않았습니다. 다행히 그와 같은 시대를 살면 그를 신하로 삼지 않고 스승으로 삼아 도모할 것이 있으면 그에게 묻고 그가 말하는 것이 있으면 그의 말을 수용하였으며, 불행히도 그와 같은 시대를 살지 못하면 그를 추모하고 숭상하여 높은 품계로 추증하고 밝고 깨끗한 제사를 올렸습니다. 그 의도가 어찌 공연히 그렇게 하였겠습니까? 그것은 대개 이와 같이 하지 않으면 우리가 도를 즐거워하고 어진 이를 존숭하는 마음을 극진히 하여 후학이 본보기로 할 방도를 보여줄 길이 없기 때문입니다. 이 때문에 성인 공자(孔子)의 문하에서 스승에게 직접 가르침을 받은 70인의 제자들과 역대 선유(先儒) 가운데 사문에 공적이 있는 사람은 모두 성묘(聖廟: 大成殿)에 나란히 종사(從祀)되었으니, 그 의리가 원대합니다.

아! 하늘이 대현(大賢)을 낳은 것이 얼마 되지 않아, 맹가(孟軻: 孟子)가 세상을 떠난 뒤로 도학이 전해지지 않았습니다. 1천여 년이 지나 송나라에 이르러서야 여러 현인이 배출되고 진유가 함께 태어났으니, 우리 도가 형통하여 이에 성대해졌습니다. 그러나 어진 이를 포상해 드러내고 문묘(文廟: 大成殿)에 종사하는 전례는 순우(淳祐)[239] 연간 말에 비로소 거행되었습니다. 다행이 아니라고 말할 수는 없으나, 양시(楊時)[240] · 이동(李侗)[241] 같은 현인은 유독 문묘에 종사되지 못하였으니, 또한 어찌 다행 중 불행이 아니겠습니까?

신이 삼가 엎드려 생각건대, 우리 동방의 명인(名人) · 석사(碩士) 가운데 일컬을 만한 사람이 한두 명이 아니지만, 도학을 전수한 사람은 알려진 이가 없었습니다. 고려 말 정몽주(鄭夢周)[242]에 이르러서야 성리(性理)를 미루어 밝히고 경학(經學)을 창도해 밝혔으며, 우

하인상의 남명 선생 문묘종사 청원 상소
『광해군일기』 광해군 7년(1615) 3월 23일

리 성스러운 왕조가 개국하고서야 문교가 크게 형통하여 유학에 종사하는 선비들이 울창하게 일어났습니다. 문경공(文敬公) 신 김굉필(金宏弼), 문헌공(文獻公) 신 정여창(鄭汝昌), 문정공(文正公) 신 조광조(趙光祖), 문원공(文元公) 신 이언적(李彦迪), 문순공(文純公) 신 이황(李滉), 문정공(文貞公) 신 조식(曺植) 같은 분들은 모두 당대에 뛰어난 현자로서 서로 이어서 태어나 도를 자임하였습니다. 이분들이 전하지 못한 도를 전하고 늦게 깨닫는 사람들을 깨닫게 해준 공로는 염락(濂洛)[243]의 여러 유학자에 거의 가깝습니다.

이 여섯 분의 어진 이는 태어난 시기는 선후가 같지 않으나 도에 있어서는 피차의 차이가 없어서 국가가 의지하고 추중하는 분들이며,

후학이 우러러 존숭하는 분들이니, 또한 이분들에 대해 어찌 경중(輕重)의 차이가 있겠습니까? 문묘에 종사하는 하나의 전례는 의당 피차의 차이가 없어야 하는데, 성스러운 조정에서 포상하고 추숭하는 명이 어찌 다섯 신하에게만 더해지고, 오직 조식만 빠뜨려 송나라 양시·이동의 일과 서로 비슷함을 면치 못하게 한단 말입니까? 이 어찌 성대한 시대의 흠결이 있는 은전이며, 사문의 불행이 아니겠습니까? 신 등온 후세의 시점에서 시금을 보는 것이 지금의 시점에서 과거를 보는 것과 같을까 삼가 두렵습니다. 이 점이 신 등이 크게 두려워하는 바입니다.

조식의 언행과 사적은 문집 안에 모두 실려 있어 사람들의 이목에 환히 드러납니다. 엎드려 생각건대, 성상께서는 틀림없이 이미 문집을 읽어보고 공경심을 일으키셨을 것이니, 신 등은 참으로 감히 거듭 아뢸 수 없습니다. 우러러 성상의 귀를 번거롭게 하였으나 오히려 한두 가지 사실을 다시 아뢰는 일을 스스로 그만둘 수 없는 것은 전하께서 아직 듣지 못하신 바를 더 들으시고 일찍이 믿으신 바를 더욱 믿으시길 바라서입니다. 엎드려 전하께서 한번 살펴보고 가납해 주시기를 바랍니다.

조식의 사람됨은 타고난 자질이 매우 빼어나며, 기개와 도량이 넓고 크며, 단정하고 준엄하고 방정하고 정직하며, 굳세고 의연하고 정밀하고 민첩합니다. 지조와 행실이 과감하고 확고하였으며, 거동할 적에는 늘 법도를 따랐습니다. 장중하고 공경한 마음이 내면에 항상 보존되어 있었으며, 나태하고 거만한 용모는 외면에 드러나지 않았습니다. 새벽에 닭 우는 소리를 듣고 일어나 자리를 바르게 하고 시동(尸童)처럼 앉아 있어서 바라보면 그림이나 조각상과 같았으며, 스승의 가르침을 말미암지 않고 도체(道體)에 묵묵히 합하였습니다.

학문은 반드시 육경(六經)과 사서(四書)를 근본으로 삼았고, 도는 반드시 주자(周子: 周敦頤) · 정자(程子: 程顥 · 程頤) · 장자(張子: 張載) · 주자(朱子: 朱熹)를 법으로 삼았습니다. 도리를 자신에게 돌이켜 체험하여 실지에 발을 디디고 있었습니다. 마음을 붙잡아 보존하는 일에 조금이라도 소홀할까 두려워하며 앉은 자리 옆에 성현들의 초상을 걸어두었고, 성찰하는 것이 혹 태만할까 염려하며 벽에 '경의(敬義)' 두 자를 써 두었습니다. 부지런히 관찰하고 성찰하여 시종 끊어짐이 없었습니다. 아는 것이 이미 정밀하더라도 더욱 정밀하기를 구하였으며, 실천하는 것에 이미 힘쓰더라도 더욱 힘을 쏟았습니다. 문을 닫고 책을 펴놓고서 정신으로 이해하고 마음으로 통달하였으니, 그 저서로는 『학기유편(學記類編)』이 있고, 그 명(銘)으로는 「신명사명(神明舍銘)」이 있습니다. 천도(天道)와 천명(天命), 조도(造道)와 입덕(入德)을 그린 도표도 사람을 가르치고 학문을 하는 방도 아닌 것이 없습니다. 그가 사문에 공로가 있음은 실로 옛날의 진유에게도 부끄러움이 없습니다.

세 조정에 부름을 받았으나, 한 번도 벼슬길에 나아가지 않았습니다. 우뚝 서서 홀로 걸어가며 봉황이 천 길 위로 날아오르는 듯한 그의 기상은 털끝만큼도 세상에 마음이 없는 듯하였으나, 임금을 사랑하고 나라를 근심하는 정성은 늘 마음속에 간직하여 잊을 수 없었습니다. 혹시라도 말이 백성과 나라에 미치면 한숨을 쉬며 답답해하다가 오열하며 눈물을 흘리는 지경에 이르지 않은 적이 없었습니다. '구급(救急)' 두 자를 올리고, 당시의 폐단 10조목을 아뢴 것은 벼슬을 사양하며 사은하는 글 속에 간절하였습니다. 또한 명선(明善)과 성신(誠身)으로 임금이 정치를 하는 근본을 삼았는데 명선과 성신은 경(敬)을 위주로 하였으니, 그가 평생 학문을 할 적에 힘을 쓴 것이 '경(敬)' 한 자에서 벗어나지 않았음을 또한 알 수 있습니다.

도학의 중임을 자치하며 임금을 요순으로 만들고 백성을 요순 시내 백성으로 만들려는 책임을 생각하였으니, 천지의 도와 함께 행해도 어긋남이 없었다고 말할 만합니다. 그런데 그 도가 때를 만나지 못해 덕을 품고 세상을 피해 은둔하였으니, 이 어찌 세도의 불행이 아니겠습니까? 아! 사문의 영수이고 유가의 종장으로서 우리 도에 공적이 빛나고 사문에 은택이 미쳐서 사람마다 군신·부자의 의리를 알게 한 것은 모두 그의 힘입니다.

이런 까닭에 동시대 명유(名儒) 성운(成運)이 그의 묘갈명에 '학문을 독실하게 하고 실천을 힘쓰며 도를 닦아 덕을 진전시켰으니, 또한 옛날 현인에게 짝할 만하며 후세 학자들의 종사(宗師)가 되었다'라고 한 것입니다. 성운은 청렴하고 덕을 숨긴 군자다운 사람이니, 그의 이 한마디 말이 백세에 신뢰를 얻을 만합니다. 엎드려 바라건대, 전하께서 당시 사람들이 공경하여 심복한 것을 돌이켜 생각하시면 신들이 오늘날 아뢰는 말씀을 이해하실 것입니다. 독실하게 실천한 것이 저와 같고 가르쳐 길을 열어준 공이 이와 같습니다. 혹 한 가지 기예(技藝)나 보잘것없는 공로로 문묘에 배향되고자 하는 사람으로 보신다면, 어찌 매우 안타까운 일이 되지 않겠습니까?

아! 근년 이래로 사람들의 마음이 선하지 않고 선비들의 습속이 더욱 야박해져 도의(道義)가 무엇인지 학문이 무슨 일인지 알지 못하면서 오직 부화하고 경박한 것을 숭상하고 치우치고 사사로운 것을 일삼으니, 이 어찌 현인과의 거리가 이미 멀어져 사람들의 마음과 이목에 남아 있는 유풍과 여운이 날로 매몰되고 인멸되어 그러한 것이 아니겠습니까? 신들은 그 점을 매우 슬프게 생각합니다. 전하께서 이런 때에 성대한 은전을 특별히 거행하여 현인을 존숭하고 장려하는 뜻을 밝게 보이시어 한 시대 사람들의 이목을 쏠리게 하고 만세의 법도를 일으키신다면 사람들에게는 본보기가 있을 것이고 선비들은 나아갈 바를 알게 되어 인심과 세도가 바르게 되기를 기약하지 않아도 저절로 바르게 될 것입니다.

이와 같이 한다면 성상의 의리의 학문이 마치 중천의 해와 같이 밝게 걸리고 환히 빛나 길을 잃은 자들은 돌아갈 곳을 알게 되고 선(善)을 행하는 자들은 권면하는 바가 있을 것입니다. 저 송 이종(宋理宗)은 단지 유학자를 존숭했다는 이름만 있고[244] 어진 이를 숭상한 실질은 있지 않았으니, 어찌 오늘날을 위해 말씀드릴 만한 것이겠습니까? 참으로 바라건대, 성상께서 이 이치를 깊이 살펴 지체하거나 의심하는 바가 없으셔서 유학자를 숭상하는 아름다운 뜻을 돈독히 하고 도를 중시하는 지극한 정성을 넓혀서 세상에 보기 드문 진유에게 특별히 명을 내려 문묘의 제사에 배향되게 하여 사문을 부지하고 원기를 배양하신다면 선비들의 습속이 바르게 되고 풍속이 순박해질 것이며, 도가 이를 통해 이루어지고 나라가 이를 통해 존엄해질 것입니다."】

【○ 살펴보건대, 영남의 유생 수백 명이 고령(高靈)에 모여 소를 올렸다. 그때 소를 지은 사람이 한두 명이 아니었는데, 오직 이 상소는 한강(寒岡) 정구(鄭逑)의 문인 이서(李舒)[245]가 지어 한강에게 나아가 질정한 것이다. 그 말이 후세에 전할 만하므로 기록하여 상고하고 살펴보는 것에 대비한다.】

◎ 그 뒤 유생들이 조식의 문묘종사를 청원하는 상소가 영남에서 7번, 호서에서 8번, 호남에서 4번, 성균관과 사학(四學)에서 모두 12번, 개성부에서 1번, 옥당(玉堂: 홍문관) 차자(箚子)가 1번, 양사(兩司)[246]에서 각각 1번씩, 도합 35번이었으나 끝내 윤허를 받지 못하였다.

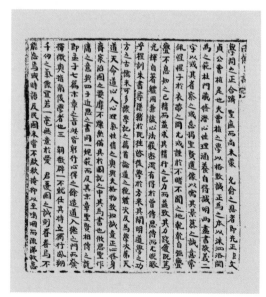

장우원의 남명 선생 문묘종사
청원 상소
『승정원일기』 고종 20년
(1883) 12월 8일

02

남명선생연보˙
원문

孝宗 弘治十四年 (燕山君 七年) 辛酉

◎ 六月 二十六日 壬寅 辰時 先生生于三嘉縣兎洞

【生而岐嶷 容貌粹然】

十五年 壬戌 先生 二歲

十六年 癸亥 先生 三歲

十七年 甲子 先生 四歲

十八年 乙丑 先生 五歲

- 이 「연보」는 1982년 아세아문화사에서 영인한 『남명선생별집(南冥先生別集)』 권2
  에 수록되어 있는 것이다.

武宗 正德元年 (中宗大王 元年) 丙寅 先生 六歲

◎ **靜重若成人**

【先生穎悟夙成 自能言 受詩書 應口輒成誦 不逐流輩戲嬉 不執遊弄之
具 判校公奇愛之】

二年 丁卯 先生 七歲

三年 戊辰 先生 八歲

四年 己巳 先生 九歲

◎ **病在席 寬慰母夫人之憂**

【先生有病 方危殆 母夫人憂形於色 先生持形立氣 紿以少間 且告之曰
天之生人 豈徒然哉 今我幸而生得爲男 天必有所與吾 豈憂今日遽至夭
歿乎 聞者異之】

五年 庚午 先生 十歲

六年 辛未 先生 十一歲

七年 壬申 先生 十二歲

八年 癸酉 先生 十三歲

九年 甲戌 先生 十四歲

十年 乙亥 先生 十五歲

十一年 丙子 先生 十六歲

十二年 丁丑 先生 十七歲

十三年 戊寅 先生 十八歲

◎ 陪先大夫南歸

【先大夫爲端川郡 自端適而南歸 先生陪來】

十四年 己卯 先生 十九歲

【是年 南袞沈貞洪景舟等 構陷靜庵趙先生 一時名賢 其流徙廢錮者 數
十人 先生乃知賢路之崎嶇】

十五年 庚辰 先生 二十歲

◎ 並中司馬試 又中文科漢城試

十六年 辛巳 先生 二十一歲

◎ 輟司馬擧

【是年 加罪己卯諸賢 先生自言 科目 初未足爲丈夫拔身之地 況此小科
乎 遂不赴司馬試 只就東堂 三居一等 先生目見時事 不欲與世俯仰 而

判校公每勉以擧子業 故不能並轍東堂耳】

世宗 嘉靖元年 壬午 先生 二十二歲

◎ **聘夫人曺氏**

【夫人 系出南平 忠順衛琇之女也 世居金海】

二年 癸未 先生 二十三歲

三年 甲申 先生 二十四歲

四年 乙酉 先生 二十五歲

◎ **專意聖賢之學**

【先生 偕友人肄業於山中 讀性理大全 至許魯齋之言曰 志伊尹之所志 學顏子之所學 出則有爲 處則有守 丈夫當如此 出無所爲 處無所守 則所志所學 將何爲 於是 始悟擧業不是 心愧背汗 終夜不就席 遲明 揖友人而歸 自是刻意聖賢之學 講誦六經四書及周程張朱遺籍 旣窮日力 又繼以夜 苦心致精 研窮探索 時當士林斬伐之餘 士習偸靡 醉夢成風 人視道學 不啻如大市中平天冠 而先生奮起不顧 堅立萬仞】

◎ **造先聖賢遺像屛**

【手摹大聖及濂溪明道晦庵像 帖爲屛四疊 時展几案 肅容以對 屛至今存焉】

五年 丙戌 先生 二十六歲

◎ 三月 丁判校公憂 奉裳帷 歸葬于鄉山

【判校公 方有濟牧之命 而疾病不就 遂構以辭疾避難 盡削其官 旣斂之
逾月 訴冤于上 命復判校以下 先生 自京師 奉裳帷 歸葬于三嘉先塋之
下 廬于墓側 身不脫衰 足不出廬】

六年 丁亥 先生 二十七歲

七年 戊子 先生 二十八歲

◎ 服闋 作判校公碣銘

【李判書俊民曰 先生爲外王父撰碣銘 南袞見而驚歎曰 不世出之古文也
文則古 而義則祖程氏家傳 放辭而中倫 怨誹而不亂 衆長畢集】

【○ 袞之爲人 雖可怒可唾 而於文 有老農老馬之知 不可以人廢言也】

八年 己丑 先生 二十九歲

【○ 六月 文定王后升位 先生嘗言 尹任無識鄙夫 尹元衡姦巧莫測 六
月晦日 文定王后入宮 七月 初一日 大雪 是時 元衡氣勢稍張 東宮已覺
孤危 兩尹勢將相軋 而強弱已自不同 天之示譴 又如此 時事可知 因絕
仕進之意 潛光林下 學專爲己 後來棲息于宜春之明鏡臺】

九年 庚寅 先生 三十歲

◎ 築山海亭于金官之炭洞

【先生家世淸寒 無以爲養 婦家頗饒 於是 奉母夫人就養于金海 因築山

海亭于神魚山下 枕山臨海 幽邃而宏豁 名其房 曰繼明 左右圖書 講學
蓄德 不願于外】

十年 辛卯 先生 三十一歲

◎ 書李原吉所贈心經後

【李相國浚慶 字原吉 先生少時友也 以心經一帙贈之曰 吾雖不善 而與
人爲善之意 則誠不淺也 先生受而書其後 其略曰 余初得之 悚然如負
丘山 常自警云 庸信庸謹 閑邪存誠 岳立淵冲 燁燁春榮 雖寫揭壁中 而
心常楚越者 多矣 心喪而肉行 非禽獸而何 然則非負李君 卽負是書 非
負是書 卽負吾心 哀莫大於心死 求不死之藥 唯食爲急 是書者 其唯不
死之藥乎 必食而知其味 好而知其樂 可久可安 朝夕日用而不自已也 努
力無怠 希顔在是】

十一年 壬辰 先生 三十二歲

◎ 書宋圭庵所贈大學後

【圭庵 名獜壽 先生之友也 以大學一部 贈先生 先生受而書其後 其略曰
余初受氣甚薄 又無師友之規 惟以傲物爲高 非但於人有所傲 於世亦有
所傲 其視富貴貨利 蔑如草泥 儵忽矯擧 常若有遺世之象焉 斯豈敦厚
周信朴實底氣乎 日趨於小人之域 而不自知也 一日 閱至許氏之說 輒悚
然自省 愧縮自喪 深歎所學之無類 幾枉了一世 初不知人倫日用事 皆自
本分中來也 遂厭科擧之學 專意學問 漸就家鄉入焉 政如弱喪而不知歸
一朝忽見慈母之顔 不知手足之蹈舞 友人原吉 見而喜之 以心經授焉
眉叟 以是書與之 當此時 有若夕死而無憾者焉 由前則爲小人 由後則爲

聞道之人 轉移一寸之機 謬於千里 實由於傲富貴一念 有以啓出寡欲一
線路來也 方知爲善爲惡 皆必有基本 如今日下種 明日便生也 但恐脚力
痿退 有不能勇往力行焉已 善反之具 都在是書 吾友 以是勗之 與人爲
善之意 奚啻斷金耶 若力之緩猛 則在吾而已 當不以黃卷視之 可也】

◎ **永謝京居 居于金海**

【前此 往來京師 自是 永居金海】

◎ **題成中慮所贈東國史略後**

【成遇 字中慮 大谷先生之兄 先生執友也 以是書遺之 歸鄉 先生受而
題其後 略曰 嘉靖壬辰 余自漢京 撤家屬 永歸于金海舊庄 執仇成君中
慮 遺是遠別 以爲荒陲稽古之資 余用朱墨點抹 置之山海之墅 索居林
下 山鳥爲客 蒼蠅與吊 時時披閱 默坐馳懷 長想有旣耶】

【○ 謹按 用朱墨點抹 分別人善惡 純善則以純朱 純惡則以純黑 白中之
黑 則外朱內黑 黑中之白 則外黑內朱 一覽瞭然】

十二年 癸巳 先生 三十三歲

◎ **秋 赴鄕擧 居第二**

【三居一等 此其最後也 ○ 是秋 先生居右道第一 退溪先生居左道第一
一時以爲盛事】

十三年 甲午 先生 三十四歲

◎ **春 就明經試 不利**

【先生 旣輟司馬業 以親故就東堂 而己丑以後 志益疎焉 至是 雖捷鄉
擧 專意性理 不事講誦 故竟不利】

十四年 乙未 先生 三十五歲

十五年 丙申 先生 三十六歲

◎ 子 次山生

【生而秀異 風骨不凡】

十六年 丁酉 先生 三十七歲

◎ 請命母夫人 不就東堂

【先生 旣棄擧子業 及是年 遂請命母夫人 更不赴擧 謝絕世故 蕭然自
適 潛修靜養 而所造益以精深 ○ 大谷成先生曰 公智明識高 審於進退
之幾 嘗自見世衰道喪 人心已訛 風漓俗薄 大敎廢弛 又況賢路崎嶇 禍
機潛發 當是時雖有志於挽回陶化 然道不遇時 終未必行吾所學 是故不
就試 不求仕 卷懷退居山野云】

十七年 戊戌 先生 三十八歲

◎ 除獻陵參奉 不就

【晦齋李先生 以遺逸薦 李霖 亦薦之 故有是命】

十八年 己亥 先生 三十九歲

十九年 庚子 先生 四十歲

二十年 辛丑 先生 四十一歲

二十一年 壬寅 先生 四十二歲

二十二年 癸卯 先生 四十三歲

◎ **晦齋李先生 爲本道監司 以書求見先生 先生辭不見**

【晦齋素聞先生重名 及爲本道監司來也 頻有書求見 先生辭之曰 寧有

呈身擧子乎 獨念古人歷仕四朝 且四十六日 吾知相公解歸田里之日不

久 當角巾相尋於安康里第 尙未晚也 ○ 晦齋嘗語人曰 曺某譏我尙不

退休 慚負云云】

二十三年 甲辰 先生 四十四歲

◎ **六月 子 次山夭**

【生九歲 嘗畜犬爭食猖然 忽悵然曰 陳氏百犬共牢 吾犬則不然 於心 實

有愧焉 又嘗與羣兒同學於山海亭 一日 有乘軺者過前 威儀甚盛 羣兒爭

觀歎美 次山獨貌視之曰 丈夫事業 豈在此也 先生奇愛之 及其夭也 先

生痛惜之 嘗有詩曰 每年長痛哭 六月十一日】

◎ **題李君所贈心經後**

【李霖 字仲望 先生友也 以心經贈之 先生題其後 略曰 吾友李君 仁悌

人也 嘗以謂天下無棄材 推是心 不以余無似而棄之 以心經一篇 寄之

與人爲善之義 庸可量哉 人無是心 雖使言滿天下 不過爲猩猩生而死矣 俍俍然遭大喪而不知哀毀 反指服喪爲異物 又從戮辱之 是書也 正似白晝大市中平天冠也 非但無人買之 或加諸頭上 則以僭誅矣 用是 人惡此書 視之 爲殺身之具 不啻平天冠也 萬古如長夜 人倫爲禽獸 只應默默送了一世而已 惜乎 仲望無嗣 篤學拳拳之像 無以記之於羹墻間 余亦喪兒 麗澤相益之義 無以遺之於黃卷中 俱可歎也】

◎ **十一月 中宗昇遐**

二十四年 乙巳 (仁宗大王 元年) 先生 四十五歲

◎ **七月 仁宗昇遐**

【是年 李芑尹元衡 構殺桂林君及尹任柳灌柳仁淑三大臣 又殺直筆史臣安命世 仍屠殺善類 盖明廟幼冲嗣位 文定王后攝政 元衡以文定弟 當國用事 素與尹任相軋成隙 乘時構陷 以爲任等謀欲推戴桂林君 以大逆誅夷一時士流 波及者 甚衆 李大諫霖 郭司諫珣 成參奉遇 皆先生之執友也 俱被慘禍 先生常語及 必嗚咽流涕 至死不忘】

◎ **十一月 丁母夫人憂**

二十五年 丙午 (明宗大王 元年) 先生 四十六歲

◎ **春 祔葬母夫人于判校公墓之東原 立碣石**

【自金官 歸葬于鄕山 廬墓三年 一如前喪 ○ 碣文 乃宋圭庵所著也 略曰 夫人李氏 曺先生植之母 判校諱彦亨之配 嘉靖乙巳 葬于大塋之東原

先生曰 立石繫羊 宜有刻也 徵余以銘 莫之難矣 爲其子難 爲其母難 爲

其銘難 雖然 藍田生美玉 固也 大鳥爲鴻雛 理也 爲其子易 爲其母易 獨

蚩冷符之雕荊玉也 終不能易 若大姬之丏桑於鬘妾 則求已之 而亦一難

也 辭不獲焉 夫人生而孝于奉舅姑 備敬養睦夫族 以肅雍承祭祀 加於

事生 撫卑幼同於己兒 謙恭如不勝 以事判校公 公亦敬禮 未嘗有姬侍

見人貧不能昏葬及有冤懫者 必垂泣而賑之 一門長少 皆曰 某夫人 吾

母行也 判校公先夫人卒 在官廉愼 不爲身計 貧如寒士 陞階通政 只有

一馬 鬻爲章服 實夫人有助焉耳 先生脫然欲學聖人 便罷試擧 用力敬

義 緊把得定 不以一時趨向爲進退 究其自修之地 盖父母之敎然也】

二十六年 丁未 先生 四十七歲

◎ 服闋 因居兔洞之舊業

【田庄甚尠 歲或不熟 家人蔬食不繼 先生怡然不以爲意】

◎ 聞宋圭庵訃 爲位哭之

【九月 副提學某等啓曰 良才驛壁朱書曰 女主執政於上 奸臣弄權於下

國之危亡 可立而待也 李芑等抵掌 欲以此爲網打之計 論殺鳳城君 因

加罪乙巳餘人 一時名士 殆盡無遺 宋圭庵亦被賜死 先生常痛惜之】

二十七年 戊申 先生 四十八歲

◎ 除典牲主簿 不就

【銓曹薦用遺逸之士 特命 超叙六品職】

◎ 創鷄伏堂

【近舊宅 別搆精舍 名曰鷄伏 取涵養如鷄抱卵之語】

◎ 搆雷龍舍

【俯前流結茅舍 名曰雷龍 取尸居龍見 淵默雷聲之語 使工畫者 畫雷龍
狀 垂之座右】

二十八年 己酉 先生 四十九歲

◎ 八月 遊紺岳山

【山在居昌縣界 先生偶遊於此 咸陽文士林希茂朴承元 聞而馳到 侍與
之同 有浴川一絕】

【○ 是年 李洪男上變告 搆殺康惟善等三十餘人 ○ 按 自乙巳丁未大鍛
之後 人心不服 淸議間發 元衡等 欲立威鉗制 而李洪男告其弟洪胤 與
康惟善等謀亂 欲推戴毛山守 奸黨相慶 遂成大獄 辭連屠戮者 至三十
餘人 盖先生於嘉靖己丑 已見贏豕躑躅之像 便思君子夫夫之義 而乙巳
以後 奸凶制國命 士流爲魚肉 方是時 先生有翔千仞底氣象 行藏之義
豈易言哉】

二十九年 庚戌 先生 五十歲

三十年 辛亥 先生 五十一歲

◎ 除宗簿主簿 不就

◎ 吳德溪健始受業於門

【先生愛其篤實 遂開示進學門庭 因勸學小大學近思錄等書 ○ 德溪祭
先生文曰 士知所趨 民服其德 允矣吾師 展也先覺 健也小生 亦忝趨侍
爲學之方 識時之義 提耳警惰 誘掖諄至】

三十一年 壬子 先生 五十二歲

◎ 哭金三足堂

【三足嘗念先生貧 臨終命其子歲遺以粟 先生作詩辭謝 及其葬 往哭之
撰墓碣】

◎ 子 次石生

◎ 答聽松成先生書

【聽松有四言詩 諸賢和之 聽松以是寄書索和 先生報書 略曰 邑人宋珹
傳玉札與諸公所咏 二十年前 不通消息 於今始達 揔是滿掬明珠 受賜
無量 所索四言詩和上 嘗以哦詩 非但玩物喪志之尤物 於某 每增無限
驕傲之罪 用是 廢閣諷咏 近出數十載云】

三十二年 癸丑 先生 五十三歲

◎ 答退溪李先生書

【先生屢除不就 時退溪 以大司成在都下 爲書勉起之 其略曰 頃者 銓
曹薦用遺逸之士 聖上樂得賢才而任用之 特命超叙六品之職 此實吾東
方古所罕有之盛擧也 滉私竊以爲 不仕無義 君臣大義 烏可廢也 而士

或難於進用者 徒以科舉溷人 雜進之路 則又其每下者 此欲潔其身之士 所以不得不藏踪晦迹 逃遯而不屑就也 今也 舉於山林 非科目之溷 超授六品 非雜進之污 故同時之舉 有若成君守琛 已赴兔山 有若李君希顔 亦赴高靈 是二君者 皆昔之辭官高臥 若將終身之人 向也不起 而今也起 是豈其志之有變哉 其必曰 今吾之出 上可以成聖朝之美 下可以展一己之蘊而然耳 繼而吾子有牲簿之除 人皆謂曺君之志 卽二君之志 今二君旣出 曺君 宜無不至者矣 而吾子則竟不至焉 何耶 以爲人不知也 則拔尤於幽隱 不可謂不知 以爲時不可也 則主聖而渴賢 不可謂非時 杜門端居 修身養志之日久 則其得之之鉅而積之之厚 施之於世 將無往而不利 又安有吾斯之未信 如柒雕開之不願仕乎 此滉所以不能豁然於吾子之所爲也 雖然 滉豈深疑於吾子哉 吾子之所處 其必有說矣】

【○ 先生復書曰 平生景仰 有同星斗于天 曠世難逢 長似卷中人 忽蒙賜諭勤懇 撥藥弘多 曾是朝暮之遇也 植之愚蒙 寧有所斬耶 只以搆取虛名 厚誣一世 以誤聖明 盜人之物 猶謂之盜 況盜天之物乎 用是 踉蹌無地 日竢天誅 天譴果至 忽於去年冬 腰脊刺痛 月餘 右脚輒蹇 已不得齒行人列 雖欲蹈履平地上 寧可得耶 於是 人皆知吾之所短 而僕亦不能藏吾之短於人矣 堪可笑歟 第念明公有燃犀之明 而植有戴盆之歎 猶無路承敎於懿文之地 更有眸病 不能視物者 有年 明公 寧有撥雲散以開眼耶】

【○ 退溪又復書略曰 僕亦思當歸 不得 何暇爲人求撥雲散耶】

三十三年 甲寅 先生 五十四歲

三十四年 乙卯 先生 五十五歲

◎ **除丹城縣監 不就 上疏辭職**

【其略曰 微臣 盜名而謬執事 執事 聞名而誤殿下 殿下 果以臣爲何如人
耶 以爲有道乎 以爲能文乎 能文者 未必有道 有道者 未必如臣 非但殿
下不知 宰相亦未能知也 不知其人而用之 爲他日國家之恥 則何但罪在
於微臣乎 臣寧負一身 不忍負殿下 此所以難進者 一也云云 內臣樹援龍
挐于淵 外臣剝民狼恣于野 亦不知皮盡而毛無所施也 臣所以長想永息
晝而仰觀天者 數矣 噓唏掩抑 夜而仰看屋者 久矣 慈殿塞淵 不過深宮
之一寡婦 殿下幼沖 只是先王之一孤嗣 天灾之百千 人心之億萬 何以當
之 何以收之耶 當此之時 雖有才兼周召 位居鈞軸 亦末如之何 況一微
臣才如草芥者乎 上不能持危於萬一 下不能庇民於絲毫 爲殿下之臣 不
亦難乎 若賣斗筲之名 而賭殿下之爵 食其食而不爲其事 則亦非臣之所
願也 此所以難進者 二也 又曰 殿下之所從事者 何事耶 好學問乎 好聲
色乎 好弓馬乎 好君子乎 好小人乎 所好在是 而存亡繫焉 苟能致力於
學問之上 忽然有得於明新之內 則明新之內 萬善俱在 百化由出 擧而措
之 國可使均也 民可使和也 危可使安也 他日 殿下致化於王道之域 則
臣當執鞭於廝臺之末 竭其心膂 以盡臣職 寧無事君之日乎】

【○ 先生自上疏章後 夙興衣冠 危坐門外 竟日不懈 以待命者累月 自上
不悅慈殿塞淵等語 而從首相沈連源伏地證元祐事以諫 竟得無事云】

【○ 石潭日記曰 時權奸當國 註誤文定王后 使士林喪氣 雖托公論 薦用
遺逸 只是虛文而無實 故無意仕窟 因上疏辭職 兼陳時弊云】

三十五年 丙辰 先生 五十六歲

◎ **河覺齋沆始受業於門**

【先生愛其有才 且篤志於學 遂勸讀諸性理之書 覺齋自是專尚爲己之
學 於義理上 日事講究 先生每稱得人而教焉】

三十六年 丁巳 先生 五十七歲

◎ **子 次磨生**

三十七年 戊午 先生 五十八歲

◎ **先生與金晉州泓 李秀才公亮 李黃江希顏 李龜巖楨 同遊智異山**

【時 泓爲晉州牧使 先生與羣公 約與之同遊 是年孟夏十四日 會于泗川
快哉亭 登巨艦泛海 由蟾津泝流而上 入雙溪寺上靑鶴洞 入神凝洞 凡
在山中十有餘日 先生作同遊錄 其戲謔張弛之間 登陟觀眺之際 觸物
隨事 發於言辭者 多有警省人處 同遊錄見文集中】

【○ 退溪先生日 曹南冥遊頭流錄 觀其遊歷探討之外 隨事寓意 多感憤
激仰之辭 使人凜凜 猶可想見其爲人 其日 一曝之無益 日 向上趄下 只
在一擧足之間 皆至論也 而所謂明哲之幸不幸等語 眞可以發千古英雄
之嘆 而泣鬼神於冥冥之中矣 云云】

◎ **八月 會東洲成先生于伽倻之海印寺**

【先生去年 入俗離山 訪大谷成先生 時東洲適以邑宰在坐 先生初面 接
話親熟 有若舊交 同歡數日 先生戲東洲日 翁乎 胡不歸乎 東洲指大谷
日 爲此老所挽 先生日 此老 其能縶維之耶 東洲慚謝 及先生將行 東

洲豫設餞席于路 追而送之 執手泣別曰 君我俱中年 各棲異鄉 更面 詎
可期耶 遂以明年八月十五日 期會于海印寺 及期 陰雨連日 先生冒雨而
行 至寺門 則東洲已到 方脫簑衣云 東洲此行 大谷以詩送之曰 南向伽
倻馬足輕 遙期處士此相迎 鍾山若問躬耕叟 爲報年添病轉嬰】
【○ 鍾山 大谷所居地名】

三十八年 己未 先生 五十九歲

◎ 除司紙 不就

◎ 五月 哭李黃江
【先生往哭會葬後 撰其碣文】

三十九年 庚申 先生六十歲

◎ 子 次矴生

四十年 辛酉 先生 六十一歲

◎ 遂入居于智異山之德川洞
【先生 以無嫡嗣 將承重付弟桓 遂入居德山 菑蓄所收 僅賴而不絶 先
生熙熙然常若甚饒 創山天齋 宅邊作精舍 名曰山天 盖取諸易大畜之
義也】

◎ 創山天齋
【宅邊作精舍 名曰山天 盖取諸易大畜之義也】

四十一年 壬戌 先生 六十二歲

◎ 哭申松溪

【先生 往哭會葬 後撰其碣文】

四十二年 癸亥 先生六十三歲

◎ 金東岡宇顒始受業於門

【東岡初拜門下 先生出所佩囊中鈴子以贈日 此物清響 解警省人 佩之
覺甚佳 吾以重寶與汝 汝其堪保此否 又日 此物在汝衣帶間 凡有動作
規警誚責 甚可敬畏 汝其戒懼 無得罪於此子也 問 莫是古人佩玉意否
先生日 固是 抑此意甚切 不止於佩玉也 李延平亦嘗佩之】

◎ 二月 李龜巖楨來謁

【初 先生有志山居 龜巖約與之同 辛酉 龜巖尹東京 使人請於先生 占基
作數間瓦屋 終爲空舍 鄭僉知復始 尹上舍光前 題詩屋柱以譏之 至是
年正月 秩滿歸家 二月 來謁于山天齋 因見其所構瓦屋及鄭尹二人所題
還至先生所 乃日 眞樂在是 浮榮可謝 交戰而勝 癯者肥矣 自此陪遊終
老 足矣 先生微哂日 其然 蓋喜其志 而慮其終莫能就也 居數日 辭歸】

◎ 尋灆溪書院 與姜介庵翼 訪葛川林先生于廬所

【春 先生 自山居 作咸陽安陰之行 河覺齋沆 河應圖 柳宗智 陳克敬等
陪行 至灆溪 乃一蠹先生書院也 遂齋宿 明日 夙興謁廟 退謂二三子日
東國諸賢中 唯此先生 庶幾無疵累矣 姜介庵翼聞而馳到 同向安陰 時
葛川兄弟 丁考進士公憂 葛川年逾六十 日食數合米 哀毀逾禮 前此 先

生赴吊 喻以中制 又致書陳其毋以死傷生之義 葛川勉從 遂進蔬食菜羹

至是 先生委訪致慰焉 士類多聚 皆言德裕之南 有三洞 山水明麗 或稱

桃源 盍往遊焉 先生曰 是行 專以慰主人 吾何他求 姑待異日 與主人同

遊耳】

四十三年 甲子 先生 六十四歲

◎ **與吳德溪健 會德山寺**

【德溪日記曰 七月 自星山歸家 旬間 先生附書白足 引致於德山寺 聞敎

卽往 則先生已至數日矣 奉陪數日 欽承淸誨 秋霜烈日 義氣橫天 極知

昏惰 不足受砭 然龥拳大踢 足爽鄙懷 惜其登門十年 親接日少 退私日

多 不啻十寒一曝 此日離亭 百倍惘然】

◎ **與退溪李先生書**

【先生常患 世之學者 不事下學 專務上達 往往有假道學之名 故以書與

退溪 盖欲戒禁而救正之也 書略曰 近見學者 手不知灑掃之節 而口談

天理 先生長老 無有以呵止之故也 如僕則所存荒廢 罕有來見者 若先

生則身到上面 固多瞻仰 十分抑規之如何】

【○ 退溪與鄭子中書 略曰 適得南冥曺楗仲書云 近見學者 手不知灑掃

之節 而口談天理 計欲盜名 而用以欺人 反爲人所中傷 而害及他人 豈

非先生長老 無有以呵止之故也 其下 自爲謙辭 而欲令滉十分抑規之

吾輩中心願學 初豈有盜名欺人之意 但立志不篤 遵道中廢 往往口談天

理之際 游聲已不禁四馳矣 而在我日用躬行之實 一無有可靠處 然則雖

欲免盜名之責 何可得耶 故南冥之言 眞可謂爲吾輩藥石之言 自今請各

更加策勵 以反躬踐實 爲口談天理之本 而日事研窮體驗之功 庶幾知行兩進 言行相顧 不得罪於聖門 而免受訶於高世之士矣】

【○ 先生此語 正中學者之病 而退溪先生以爲藥石之言 更加策勵 使之體驗 其爲世道憂 爲後學慮也 至矣 兩先生行藏殊塗 雖欠一席之麗澤 道義相許 誠爲千里之神交也】

四十四年 乙丑 先生 六十五歲

◎ 崔守愚堂永慶始請學于門

【時丁國恤 守愚執笲爲贄 來拜門下 先生一見異之 許爲高世人物】

◎ 答吳德溪健書

【書不見文集 但德溪日記曰 先生回報鄙書 責以見義不高 其警發昏惰 至矣 令人吝萌消煎 非砥柱奔波氣像 何以打疊了庸陋 此心少解 虛負警責之敎 他日桃川 無以爲詠歸之資 】

【○ 是年四月 文定王后昇遐 削奪尹元衡官職 放歸田里 元衡 自乙巳當國擅權 至是年八月 兩司始極論其專權僭偪之罪 削奪放黜 李芑 前數年已斃矣 於是 乙巳被謫名流 收用不次 盧守愼金鸞祥李湛白仁傑柳希春 皆列於朝 朝路一新】

【○ 按自乙巳至乙丑 二十年間 奸凶當國 仇害善良 天地 其不閉乎 賢人 其不隱乎 先生屢除不就 隱而不見 及是 奸凶斃黜 朝著淸明 至明年丙寅 先生始出應召命 雖以年邁永貞不仕 其出處之大節 槩可想見矣】

四十五年 丙寅 先生 六十六歲

◎ 正月 盧玉溪禛 姜介庵翼 吳德溪健 金東岡宇顒 謁先生于智谷寺

【德溪日記曰 正月初十日 聞先生來智谷寺 卽伻邀盧令公禛諸輩 往智谷 纔渡溪橋 而先生至 十一日 金宇顒來 盧令公禛姜翼盧祼鄭復顯鄭惟明林希茂隨至 四隣諸友雲集 多不能容 十四日 陪先生下山 諸友各散 先生知余將卜築有地 而往觀之 周覽三處 至上頭最奇云 是夜 陪宿車灘草亭 十五日 先生來吾家 出見吾孩提 飯後 先生歸 送別及智谷橋邊 餞爵三盃 佇立以泣 先生見余躊躇 下馬相顧 有不盡意 此日懷抱甚惡】

◎ 二月 與李龜巖楨 會斷俗寺

【時 龜巖以順天府使 來省其先墓 約先生會話于斷俗寺 趙大笑軒宗道 及若干士流陪往 龜巖語及義理疑處 先生喫緊論卞 龜巖因問士族婦人有失行 士子可以治諸 先生曰 士子治己不暇 婦人失行 自有有司治之 大笑軒 嘗以此稱道于士友間】

【○ 退溪先生與龜巖書 略曰 南冥蕭寺之會甚適 有何談論 幸可因風得聞緒餘耶】

◎ 鄭寒岡逑始講學於門

【寒岡祭先生文曰 念我小生 蓋自十五六歲時 始得聞先生之風而知欣慕之 而癡騃貧遠 無以自達於階庭之下 徒勤星斗之仰 未侍春風之座者 殆將十年 束修之將 日自丙寅之春 而幸先生之不鄙棄之 而收而置之弟子之列 而又復以爲可敎 而每許以義分相與之地 而凡先生平生交遊 經歷學行志槩 與夫古今賢愚治亂得失 世道時變 邪正是非 出處語默之道

進退行藏之義 無一或祕而盡與之開誨 至於連日繼夜而不怠 於是 愚昧
狂妄之所以慷慨興起 自竪立其惰慢迂拙之身心者 爲如何哉】

◎ 三月 先生會盧玉溪禛 姜介庵翼 訪葛川林先生兄弟 同遊玉山洞

【先生 又自山居 由山陰作安陰之行 河覺齋沆 趙大笑軒宗道 河應圖柳
宗智李瀞從 到玉溪家 玉溪禮致甚敬 遂設小酌 酒三行 命罷 且邀介
庵 明日 同向安陰 玉溪先使人通瞻慕堂 瞻慕堂卽親逆于中路 奉陪至
家 葛川倒屣迎門 相揖就座 先生仍進瞻慕堂謂曰 子聰明過人 無所不
通 夫以堯之智 猶急先務 君子不以多能率人 故不無內外輕重之辨 朱
夫子晚年悟義理無窮 日月有限 遂棄書藝離騷等事 專業於尊德性道問
學 終至集諸儒大成 豈非後人所當法也 瞻慕堂拜謝 先生曰 曾此之來
人多言三洞山水之明麗 於心不忘也 葛川曰 吾亦興不淺 卽與之同遊 瞻
慕堂以微恙退 遂先遊猿鶴 次至長水 次至玉山洞 先生吟二絕 一曰 碧
峯高挿水如藍 多取多藏不是貪 捫虱何須談世事 談山談水亦多談 二曰
春風三月武陵還 霽色中流水面寬 不是一遊非分事 一遊人世亦應難 葛
川繼吟曰 眞源窮未了 日暮悵然歸 先生曰 朱夫子 尚有始覺眞源求未
到之句 後學 豈合容易自處於見道之域歟 葛川改容謝之 是夕 還聚葛川
精舍 留一日 各散】

◎ 五月 被召不就 八月 除尙瑞判官 有旨再召 始就徵 十月 入京 命引對
思政殿 翌日還山

【七月 下旨諭曰 子以不敏 似乏好賢之誠 前雖有超授職而不肯就職 子
實愧焉 當今遺逸之士 豈不懇求乎 待凉時乘馹上來 八月 授尙瑞判官

又下旨諭曰 頃因慶尙道觀察使姜士尙馳啓 仍知老病不得上來 予心缺然 予以不敏 誠乏好賢 以致如此 亦可愧焉 相當藥劑下矣 須勿拘於老病 隨便善調上來 而令本道監司食物備給云云 先生始赴召 以私騎上道 行至竹山 路上遇大谷成先生 成先生 適自都城 拜命歸來 先生曰 今此一路 賢者或上或下 此何等時也 相與一笑而別 入城肅拜 上引見于思政殿 因問治亂之道 對曰 古今治亂 載在方策 不須臣言 臣竊以爲 君臣之際 情義相孚 洞然無間 此乃爲治之道也 古之帝王 遇臣僚若朋友與之講明治道 今雖不能如此 必須情義相孚然後可也 又曰 方今生民離散 如水之流 救之當如失火之家 上問爲學之方 對曰 人主之學 出治之本 必須自得 徒聽人言無益也 上又問三顧草廬事 對曰 必得英雄 然後可以有爲 故至於三顧 亮一顧不起 或者時勢然也 然與昭烈同事 數十年 竟未能興復漢室 此則未可知也】

【○ 謹按 朱書中有孔明本不知學 全是駁雜而出於申韓 又曰 誘奪劉璋似不義 李果齋方子曰 孔明 盖緣凡事求可 功求成 故如此 曰然 先生之意 以爲孔明不能興復 而徒取議於後賢 故以此對之】

【○ 吳德溪日記曰 十月初一日 聞先生將至 曉發至漢江迎之 至巳時 先生來到 陪來渡江而西 鄭典籍琢亦來到侍話 當夕 陪至李江界俊民宅 退時 江界居父憂在廬所 ○ 初三日 先生肅拜 鄭子精設依幕 往與之侍坐 ○ 初七日 先生入對便殿 是日 先生約以許過値士人 多集門外 一一謝絶 士之不見先生者 來訪 要以余爲媒 余亦知先生之意 動輒辭之 客散日暮 先生乃至 惟奇大鼎留拜 ○ 初八日 先生與李一齋有約 聞其至 卽往見于士人金保億家 ○ 十一日 陪先生 出往于江頭 餞者雲集 滿二船 ○ 十二日 陪至靖陵前 拜別云】

【○ 先生南還 盧玉溪以書問其遽歸之由 先生報書 略曰 植累承恩命 禮
宜一進拜闕 棲遲都下 更欲何爲耶 明公朝夕入朝 若無行道之事 而久留
不退 未免苟祿也】

【○ 退溪先生曰 滉與南冥 生並一世 而未與之相接 常切慕用之私 今其
起應召命 又見其合於君子隨時出處之義】

【○ 又答淸香堂李源書云 南冥必已還德山矣 近日經席 又有請召致者
賴復有知南冥心事者 方便論白 故得停 爲南冥深賀】

穆宗 隆慶元年 丁卯 先生 六十七歲

◎ 六月 明宗昇遐

◎ 十一月 下旨召 辭不就

【敎旨曰 鳴呼 濟川必待於舟楫 構廈當資於棟樑 自古有天下國家者 孰
有不登賢俊 不任鴻碩 而能興治道歟 肆惟我先王 季年更化 勵精求理
好賢有誠 待士以禮 爰命具僚 搜揚遺逸 賢於是時 特膺宣旨 郵傳交馳
布衣登對 溫語丁寧 獎掖崇至 蓋自東國以來 所未有之盛事也 景星爭
覩 而白駒難縶 寵秩纏加 而雲翮還騰 淵衷正軫於側席 慘痛終極於崩
天 眇眇予末小子 嗣無疆大歷服 嬛嬛在疚 惟不克負荷是懼 若涉大水
其無津涯 夙夜兢惕 罔知攸濟 此誠國家安危之會 宗社存亡之秋也 昔
商之太甲 周之成王 間世之賢君也 然猶嗣服之初 未免有失德 終賴匡救
之力 基業得不墜 矧予沖人 入自私邸 仰戴慈恩 摠攬權綱 素無輔養之
功 顧闕體驗之實 其於君德明暗 政治得失 人物邪正 古今成敗 豈能灼
見炯知 隨事精察 如鑑之空 如衡之平也 雖左右輔弼之臣 晨夕篤棐 任

重道遠 有退無進 秕謬滋多 過咎日彰 茲子憂懍 恐速戾于躬 自取禍殃

人有片善 士有寸長 思欲咸共理于朝 況聞高義 樹立卓異 輕千駟脫世

紛而獨往 蘊經世之材而深有用之學哉 肆子竭誠 形諸夢寐 幸毋以寡昧

爲不足與有爲 而幡然一起 使子獲聞弘道之方 益廣取善之路 置莊嶽而

學齊語 無負居州 起草廬而贊漢業 庶效孔明 則窮不失義 達不離道 豈

獨無負於所學 抑亦有以報知遇於先王也 喪亂蔑資 邦本殄瘁 殞心慘

目 子將疇依 嫠不恤緯而悲周室 女惜園葵而憂魯國 彼無知女子 其於

國家忠悶迫切 至於此極 以高賢超世幹時之器 當艱危之際 尚不爲哀憐

邈然無動於心 憂時愛君之義 果與二女子何如 大抵幼學欲以壯行 窮養

所以達施 惟其時可否道是非 而出處顯晦 士君子行己立志 不越於此矣

若同室有鬭而向堅閉門之守 是特晨門荷蕢潔身亂倫者之爲耳 非所望

於權時處道之賢者也 嗚呼 善人天地之紀 君子國家之基也 子處欒棘

之中 豈爲彌文粉飾之擧 虛應故事而已歟 誠願試屈蒲輪 許登龍閣 嘉

言讜議 既以繩愆而糾謬 高風峻躒 亦以範世而師俗 俾子涼德 得免於

顚躓之道 寔所至懷 賢其念哉】

【○ 先生辭不就 疏略曰 臣老甚病深罪深 不敢趨命 且宰相之職 莫大

於用人 今乃不論善惡 不分邪正云云 蓋時有近臣 於筵中白上曰 曹植所

學 異於儒者 故以此辭】

◎ 又下旨召 辭不就

【有旨曰 子欲見賢士之心 一日急於一日 但年高之人 如此隆寒 或慮傷

寒 不克就道 爾其勿拘遲速 待時日溫和 從容上來】

【○ 先生辭不就 疏略曰 請獻救急二字 以代獻身 因歷擧時弊十數條曰

百疾方急 天意人事 有未能測 舍此不救 徒事虛名 論篤是與 幷求山野
棄物 以助求賢美名 名不足以救實 如畫餠之不足以救飢 請以緩急虛實
更加審處焉 時主上方問儒學 諸賢滿朝 而朝綱不振 邦本日壞 先生 蓋
深憂念之 故及之】

二年 戊辰 (宣宗大王 元年) 先生 六十八歲

◎ **五月 下旨召 上封事 辭不就**

【疏中先陳衰病難進之意 次論人君出治之本 終之以極言胥吏之弊 而其
末復曰 臣之前日所陳救急之事 尙未聞天意急急如救焚拯溺 應以爲老
儒賈直之說也 未足以動念也 殿下若不棄臣言 休休焉有容 則臣雖在千
里之外 猶在几筵之下矣 何必面對老醜而後用臣 若不好臣言 徒欲見臣
而已 則恐爲葉公之龍也 疏奏 有旨優答曰 頃日所志 予當置諸座右 觀
省之際 觀此格言 益知才德之高矣 予雖不敏 亦當留念】

◎ **七月 夫人終于金海之舊居**

【長子次石主几筵 葬于金海】

◎ **是年絶李龜巖**

【先生與龜巖 初有交分 當晉山河間獄事起 龜巖與其家 門戶相連 極力
伸救 而且修書謝先生曰 楨爲河門從兄弟所瞞 輕發言議 捫舌莫及 罪
安可逃 痛悔前言之失實 以致人議也云云 後又求解於方伯 不遺餘力
故先生答曰 君子不二三其德 其後 龜巖之孫鯤變 以其心之險詖 作辨
誣張殊甚】

【○ 李松嚴魯龍蛇錄中 有曰 金鶴峯與鯤變 初與相好 及聞鯤變締結湖人 紙(訛)謗先生 後三至而絶不見 問吳長曰 鯤變 何如人 長答曰 鯤變果險詖 一家之所難堪 鶴峯撫背曰 德溪 可謂有子矣 盖鯤變於吳 爲妻叔 而對以實 故云】

三年 己巳 先生 六十九歲

◎ **授宗親府典籤 不就**

【朝廷虛位以待者 幾一年】

四年 庚午 先生 七十歲

◎ **再召 皆辭**

【按 自丙寅以後 可以仕 而先生終不應召命者 何也 盖是時 先生年已七十矣 豈可以致仕之年 爲始仕之時乎 世之人 徒見其不仕 而遽疑其高亢一節之士 不亦過乎】

五年 辛未 先生 七十一歲

◎ **正月 聞退溪先生訃**

【去年十二月 退溪卒 至是 先生聞訃 傷悼甚 仍流涕曰 生同年 居同道未相見 豈非命耶 斯人云亡 吾其不久 乃於册子 書士喪禮節要 以授門人河應圖等曰 吾歿 以此治喪 葬于山天齋後崗 可矣】

◎ **四月 特命本道 賜食物 上疏陳謝**

【上疏陳謝 疏略曰 士橫道而僵 有土之羞也 殿下自任其憂 臣不任私謝

聖上卽下惠鮮之恩 微臣敢無芹曝之獻乎 謹以君義二字 獻爲修身整國
之本 上報曰 省疏 可見其憂國之誠 雖在畎畝 未嘗少忘也 甚用嘉焉 若
其所贈微物 何謝之有】

◎ 跋寒暄堂金先生畫屛

【其略曰 庚午 主上偶於召對 問 金宏弼遺跡可得見乎 承宣李忠綽登對
臣見一民家 有金宏弼家藏畫屛帖云 先生之孫 草溪守立爲探於忠綽 忠
綽曰 曾見於縣監吳彦毅之孫 學諭澐 初得於其聘家許元輔之門 改粧
新絹 以與金草溪 草溪年近八十 爲訪我於頭流 請記其顚末焉】

◎ 九月 吳德溪健來謁

【德溪祭文曰 去歲季秋 尋拜山麓 德宇英粹 辭氣廓碻 云云】

◎ 十一月 盧玉溪禛來拜

【玉溪祭文曰 去歲冬仲 一躋山磴 雨洗疎松 葉沒幽徑 拜揖庭階 愈覺
仰止 望公翔鳳 自視螻螘 云云】

◎ 十二月 寢疾

【是月二十一日 患背疽 鍼藥 皆無效】

六年 壬申 先生 七十二歲
◎ 正月 盧玉溪禛 鄭寒岡逑 來省

【寒岡來省 留侍疾半月而歸 玉溪亦來省而歸 寒岡曰 聞先生寢疾 馳往

省之 則先生病雖云劇 氣宇淸明 論辨碻確 了無一毫有異於平昔云】

【行錄曰 十四日 先生病甚 門生等進曰 請先生有以敎小子 先生曰 凡百義理 君輩所自知 但篤信爲貴 且曰 諸朋友在此 吾死亦榮矣 且不見兒女悲啼之態 此是大段快樂事也 又極論時事 慷慨扼腕 有如平日 宇顒請曰 萬一不諱 當以何號稱先生乎 曰 用處士 可也 此吾平生之志 若不用此而稱爵 是棄我也 ○ 十五日朝 呼宇顒等曰 吾今日 精神異前 殆其死矣 其勿復進藥 以手拭兩眼 開視眸子 精明無異平日 又令開窓曰 天日 如許淸明也 又曰 書壁敬義二字 極切要 學者 要在用功熟 熟則無一物在胷中 吾未到這境界以死矣 宇顒請東首以受生氣 先生曰 東首 豈能受生氣 再三請之 且言正終之說 先生許之曰 君子之愛人也以禮 遂東首 先生旣斷藥物 米飮不入口 終日沉臥 了了不亂 ○ 諸門弟子進曰 藥物之斷 固聞命矣 至於米飮不進 恐非自然底道理 先生爲進小許 日夕而稍穌 復留連二十餘日】

◎ 二月 初六日 李光友來候

◎ 命門人河應圖孫天祐柳宗智等 治喪以儀禮

【去年春 嘗以士喪禮節要 付河應圖等 今復申命焉】

◎ 初八日 終于正寢

【正月 本道以疾聞 上遣中使問疾 未至而卒】

【○ 臨終 義不絶婦人之手 令旁室不得近 戒內外安靜 笑謂門人曰死生常理耳 怡然如就寢】

【○ 前年冬 頭流木稼 識者頗爲哲人憂 先生果有疾不瘳 卒之日 烈風暴雨 人以爲不偶然也】

【○ 南師古善觀象 辛未冬 語人曰 少微精薄 必於處士有災 未幾先生病革 越明年二月終 訃未入京 南師古又曰 少微全無精 處士必已凶 俄而訃至】

【○ 又有李枝華善象天 一日於中夜 扣李土亭之菡之門 土亭問故 曰 少微精忽全沉 恐於君身有災 故來問 土亭曰 惡 是何言也 必是南冥曹處士也 及後聞之果然】

◎ 訃聞 命賜賻賜祭 贈通政大夫司諫院大司諫

【遣禮曹佐郎金瓚諭祭 其文曰 惟靈 河岳正氣 宇宙精英 凝資秀朗 賦質純明 蘭疇茁芽 詩禮之庭 習文肄藝 超羣發研 早見大義 旁搜蘊奧 嘐嘐孔顔 是期是造 天稼斯文 士失所導 雕眞毁朴 媚于時好 益堅所志 公不渝操 餘事宏詞 望道惱惱 爰有所詣 遂厭聲華 握瑜懷瑾 高棲煙霞 昕夕典墳 益事講劘 卓乎山峻 淵若涵河 清標霜潔 馨德蘭薰 冰壺秋月 景星慶雲 遠豈忘世 憂深戚臣 嗚呼此心 堯舜君民 先王初載 盜臣秉柄 夷貪跖廉 以邪攻正 二精幾督 人紀將覆 仰念深思 誰因誰極 天祐聖夷 銳意徵賢 宣麻九重 玉帛翩翩 公斯奮勵 爲國身捐 讜言風發 義正辭嚴 孰謂鳴鳳 發此衆抌 奸諛寒骨 具僚汗顔 威鎭宗社 忠激朝端 人謂公危 公不少慄 及茲季年 聖念深惕 黜回屛奸 思賢訪德 首起我公 馳驛頻繁 白衣登對 集美効君 答應如響 魚水相欣 公思舊居 式遄其歸 白駒難縶 興言在茲 逮子嗣服 夙欽公聲 遹追先志 屢煩干旋 公乎邈邈 愧我菲誠 瀝忠獻章 言危識宏 朝晡對越 以代展屛 庶幾公來 作我股肱 誰意一疾

少微告徵 濟川誰倚 高山何仰 小子疇依 生民誰望 言念及此 予心惻愴
思昔隱遁 代有烈光 由務樹聲 唐虞其昌 魯連抗秦 嚴光扶漢 縱云一節
尙或弭亂 況乎美德 金玉其貞 棲身數畝 爲世重輕 光燭一代 功存百世
榮贈誰加 豈盡其禮 伊昔賢王 恨不同時 子味斯言 心懷忸怩 音容永隔
此恨何量 眷彼南服 山高水長 天不憖遺 大老繼零 國以空虛 柰無典刑
聊侔洞酌 子懷之傷 精靈不昧 歆我馨香】

◎ **四月 初六日 葬于山天齋後麓**

【遵遺命也 一時名士來會 至數百人】

神宗 萬曆四年 丙子

◎ **創德川書院**

【先生歿後五年 崔守愚堂河覺齋孫天祐柳宗智合議 創立書院于德川洞
在山天齋西三里許 萬曆壬辰 燼于倭賊 越十年壬寅 陳克敬李瀞憕等
重創】

◎ **創晦山書院**

【盧欽宋希昌 與多士共議 創立于晦峴 在三嘉縣西二十里許 萬曆壬辰
燼于倭賊】

六年 戊寅

◎ **創新山書院**

【時 河晉寶爲金海府使 倡起鄕人 創立書院于山海亭舊址 壬辰燼于倭

賊 越十七年戊申 黃世烈許景胤等 重創】

二十九年 辛丑

◎ 創龍巖書院

【晦山舊址 在峽裏隘狹 多士會議 乃移建于香川 在陝川三嘉兩邑之界
宋希昌文景虎曺應仁等 相與悉心敦事】

三十六年 戊申

◎ 二月

【宣宗大王昇遐】

三十七年 己酉 (光海 元年)

◎ 賜德川新山龍巖三書院額

【政院啓曰 今聞晉州三嘉金海等處 皆已爲曺植重修書院云 若賜額 以
示褒崇之意 則可以聳動士氣 其於吾道後學 豈不幸甚 令該曹回啓 禮
曹啓曰 故贈大司諫曺植 藏修林下 篤學力行 其踐履造詣之功 可無愧
於古人 鄕里後學 宗而師之 建立書院 以寓景慕之意 若自朝廷特賜扁
額 以賁飾之 則其崇獎賢士之道 可謂盛矣 依允啓下】

四十三年 乙卯

◎ 贈大匡輔國崇祿大夫 議政府領議政 兼領經筵 弘文館 藝文館 春秋
館 觀象監事 世子師 諡文貞公

【道德博聞曰文 直道不撓曰貞】

【○ 二月 二十五日 館學諸生 上疏請加贈爵賜諡 三月 十五日 禮曹回
啓曰 先正臣曹植 生當絶學之後 以興起斯文爲己任 操存之功 踐履之實
無非伊志顏學 直造閫域 承吾道之正統 而不得大施 遯世以沒 豈非儒
林之長慟 世道之不幸乎 所賴遺風餘韵 激勵頹俗 微言至訓 矜式後學
而扶植綱常 判別義利 今此諸生之疏 出於尊賢之誠 況今人心不淑 彝
倫攸斁 此正褒崇先正 轉移振作之機也 夫諡者 行之迹也 有大行者受
大名 於法固然 昔先正臣金宏弼贈承旨 公論以爲例贈不足表異 請加崇
品 終有議政之贈 此亦明有前例 當依儒生疏 先加崇秩 次議諡號何如
依啓允下】

四十五年 丁巳

◎ **嶺南生員河仁尙等數百人 上疏請從祀文廟 未蒙允**

【疏曰 伏以 國以道而尊 道以學而凝 爲國而不尙乎道 爲道而不本乎學
則國不國而道不道矣 然而道不可以虛行 學不可以自明 必有名世之眞
儒作焉 爲道學之主宰 作斯文之準的 然後道斯凝而學斯明 綱紀以之
而不墜 邦國以之而不夷 人爲人而國爲國矣 眞儒之於國家 不其重且大
乎 是故 古之明君 尊尙賢士 無間存歿 幸而與之同時 則師之而不臣焉
有謀則咨之 有言則受之 而不幸而不得與之同時 則追慕而欽尙之 贈之
以崇秩 享之以明禋 夫其意 豈徒然哉 蓋以爲不如是 無以盡吾樂道尊
賢之心 而示後學矜式之方矣 是以 聖門七十子之親炙於函丈者 與夫歷
代儒先凡有功於斯文者 皆得列從祀於聖廟 其義遠矣哉 嗚呼 天之生
大賢也 不數 孟軻歿而道學無傳 千有餘年 而至於宋朝 羣賢輩出 眞儒
並作 吾道之亨 於斯爲盛 然而褒揚陞祀之典 始擧於淳祐之末 不可謂

不幸 而以楊時李侗之賢 獨不得與焉 則又豈非幸中之不幸也 臣竊伏念
惟我東方名人碩士可稱者 非一 而道學之傳 則無聞焉 至於麗季鄭夢周
推闡性理 倡明經學 逮夫聖朝開運 文教大亨 儒學之士 蔚然作興 如文
敬公臣金宏弼 文獻公臣鄭汝昌 文正公臣趙光祖 文元公臣李彦迪 文純
公臣李滉 文貞公臣曹植 俱以命世之賢 相繼挺生 以道自任 其所以傳
不傳覺後覺之功 殆庶幾濂洛之諸儒矣 玆惟六賢 生有前後之不同 而
道無彼此之有異 國家之所倚重 後學之所瞻仰 亦豈有輕重差殊於其間
哉 從祀一典 宜無彼此之殊 而聖朝褒崇之命 豈加於五臣 而獨闕於曹
植 不免與宋之楊時李侗之事相類 寧不爲盛時之欠典 斯文之不幸哉 臣
等竊恐 後之視今 猶今之視昔也 此臣等之所大懼也 曹植之言行事蹟
俱載集中 昭人耳目 伏想聖鑑必已下燭而起敬矣 臣等誠不敢重費辭說
仰溷睿聽 而猶不能自已於更陳一二者 冀殿下之益聞其所未聞 而益信
其所嘗信者也 伏願殿下 試垂察納焉 夫曹植之爲人 天資超邁 氣宇恢
廓 端嚴方直 剛毅精敏 操履果確 動循繩墨 莊敬之心 恒存于中 惰慢
之容 不形于外 聽鷄晨興 正席尸坐 望之若圖形刻像 不由師承而嘿契
道體 學必以六經四書爲本 道必以周程張朱爲法 反躬體驗 脚踏實地
恐操存之少忽也 則揭聖賢遺像於座隅 慮省察之或怠也 則書敬義兩字
於壁上 疊疊觀省 終始無間 知之已精而益求其精 行之已力而益致其力
杜門開卷 神會心融 學記篇有其書 神明舍有其銘 至於天道天命造道入
德之圖 亦無非敎人爲學之方 其有功於斯文 實無愧於古之眞儒 三朝徵
辟 一不就仕 其特立獨行鳳翔千仞之氣像 宜若一毫無意於世 而愛君憂
國之誠 則眷眷焉不能忘焉 或時語及民國 未嘗不唏噓掩抑 以至嗚咽而
流涕 救急二字之獻 時弊十條之陳 懇懇於辭謝之章 而又以明善誠身

爲人主出治之本 而明善誠身 以敬爲主 平生爲學用功 不出於敬之一字
亦可見矣 任道學之重 念君民之寄 可謂並行不悖 而道不遇時 懷德遜
世 玆非道之不幸哉 噫 領袖斯文 宗匠儒家 功光于吾道 澤及乎斯文 使
人人知君臣父子之義者 皆其力也 是以 同時名儒成運題其墓曰 篤學力
行 修道進德 亦可追配前賢 爲來世學者之宗師 運是清隱君子人也 一
言 足以取信百世 伏願殿下 追念當時之所敬服 而釋然於臣等今日之言
也 踐履之篤旣如彼 啓迪之功 又如此 其視或以一藝或以微功而得配者
豈不爲萬萬乎哉 嗚呼 比年以來 人心不淑 士習益偸 不知道義之爲何物
學問之爲何事 而惟浮薄是尙 偏私是事 此豈非去賢已遠 遺風餘韻之在
人心目者 日就沈埋堙滅而然耶 臣等竊甚悲焉 殿下及此時 而特擧盛典
明示崇奬 聳一時之瞻聆 作萬世之楷範 則人有矜式 士知趨向 人心世
道 不期正而自正矣 夫如是則聖明義理之學 如日中天 昭揭照曜 迷道者
知所歸 而爲善者 有所勸矣 彼宋理宗徒有尊儒之名 而未有尙賢之實者
何足爲今日道哉 誠願聖明深燭此理 無所遲疑 敦崇儒之美意 廓重道之
至誠 特命間世之眞儒 俾享文廟之苾芬 以扶植斯文 以培養元氣 則士
習正風俗淳 道以之而凝 國以之而尊】

【○ 按 嶺儒數百人 會疏于高靈 而製疏卽鄭寒岡門人李葂之作 而就正
於寒岡者也】

◎ **其後 儒生請享疏 嶺南七度 湖西八度 湖南四度 舘與學合十二度 開
城府一度 玉堂箚一度 兩司各一度 通計三十五度 而終未蒙允**

03

남명선생연보 발(跋)˙
번역문

　삼가 살펴보건대 조 선생(曺先生: 曺植)의 학문은 경의(敬義)에 오로
지 힘을 쏟았고, 일생 수용한 것은 '화항직방(和恒直方)'[247] 네 자뿐이었
다. 선생은 성품이 명철하고 상쾌하였으며, 타고난 자질은 강건하고 용
감하였다. 공부의 과정은 엄밀하였고, 실천하는 것은 확고하였다. 언론
과 기상이 우뚝하였으며, 출처(出處)와 행장(行藏)이 깨끗하고 호방하
여 한 시대의 이목을 놀라게 했다. 동시대의 안목이 있는 분들에게 칭송
받은 것이 매우 많았는데, 대곡(大谷: 成運)·덕계(德溪: 吳健)·한강(寒
岡: 鄭逑) 등 여러 선생의 서술에 갖추어져 있다.

　선생이 홀로 터득하여 빼어난 경지에 이른 식견, 본체를 밝히고 실
용에 적합하게 한 재주, 기미를 미리 보고서 알아차린 명석함, 도를 지
키며 흔들리지 않는 기개는 순수하게 한결같이 바른 데에서 나와 귀신
에게 질정해도 의심이 없고 백세 뒤의 성인을 기다려도 의혹되지 않을

˙　이 글은 함안에 살던 조임도(趙任道: 1585~1664)가 지은 것으로 그의 문집『간송
　집(澗松集)』권4에 수록되어 있다.

것이라는 점에 대해서는 아는 자가 혹 드물었다. 대사간을 지낸 개암(開巖) 김우굉(金宇宏)[248]이 다음과 같이 만시를 지었다.

산과 바다에서 받은 정기는 해와 별처럼 빛나니,

海嶽之精日宿光

큰 유자였던 선생은 임금을 보좌하기에 합당했네.

大儒端合佐皇王

누가 알까, 힘쓴 것 마음을 보존하고 성찰하는 일이고,

誰知著力唯存省

가장 공들인 것 직내直內·방외方外[249]에 있었음을.

最是收功在直方

기절氣節로 공을 평하는 것도 오히려 가소로운데,

氣節稱公猶可笑

화려한 재주로 학문을 논평하는 것 속상할 만하네.

才華論學祇堪傷

몰라준다고 무엇이 손해며 알아준다고 무엇이 이로우리,

不知何損知何益

멀리서 애통한 만사를 보내자니 눈물이 옷에 가득하구나.

遙寄哀詞淚滿裳[250]

대곡(大谷: 成運) 공도 말하기를 "학문을 독실하게 하고 실천을 힘썼으며, 도를 닦고 덕을 진보시켰으며, 식견을 정밀하게 하였고 견문을 넓혀 그와 견줄 사람이 드물었으니, 또한 옛날 현인에 추급해 짝할 만

하며 후세 학자들의 종사(宗師)로 삼을 만하다. 그러나 혹자들은 이점을 알지 못해 그 논의에 다른 점이 있으니, 어찌 굳이 지금 사람들에게 알아주기를 구하랴. 단지 백세 뒤에 지혜로운 사람이 알아주기를 기다릴 뿐이다."라고 하였다.

이 두 어진 이의 논의에 남김없이 모두 포괄하였으니, 선생의 도덕을 거의 단적으로 극진히 드러낸 것이다. 그러나 도가 때를 만나지 못하여 초야에서 명을 마쳤다.

또한 일찍이 후세에 글을 남기는 데 마음 두는 것을 달갑게 여기지 않았기 때문에 사람들의 이목에 남아 있는 그의 유풍과 여운이 날로 없어져서 전해지는 것이 없게 되었다. 혹 남은 글을 수습하여 어진 사람을 본받고 그와 같아지기를 생각하는 경지로 삼는 자들이 그 대강을 얻었을 뿐이다. 선생의 깊은 뜻을 엿보지 못한 채, 염치를 알고 명예와 검소함을 귀히 여기고 절개와 의리를 숭상하고 부귀를 업신여긴 것만을 겨우 가지고서 스스로 말하기를 "이런 것이 바로 조씨의 학문이다."라고 하니, 어찌 얕은 소견이 아니겠는가?

아! 가령 선생이 뜻을 얻어 천하 사람들과 선을 나누어 평생토록 가슴속에 크게 기른 뜻을 펼쳤다면 거의 사람들의 마음을 깨끗하게 하고 천리를 밝혔을 것이며, 세도를 만회하여 혼탁함을 떨쳐버렸을 것이다. 거센 물결 속에 우뚝한 지주(砥柱)가 되었을 것이며, 암흑의 세계에 환한 해와 별이 되었을 것이니, 그 공덕과 교화와 사업이 어찌 이와 같은 데 그쳤을 뿐이겠는가?

아! 애석하도다. 근래 사문 박인(朴絪)은 선생이 세상을 떠나신 지 10여 년 뒤에 태어났는데, 선생의 학문과 행실, 지절과 기개, 말씀과 담론, 풍도와 지취에 대해 매우 사모하고 존신하였다. 무릇 일가의 자제 및 문생·학도들을 데리고 정성스럽게 인도하고 학문의 방도를 가르쳐 주는 일은 반드시 선생[曺植]을 표준으로 삼았다. 그의 뜻은 대개 선비들의 추향(趨向)이 정도를 잃어 시류를 따라 흘러가서 돌아오지 않는 것을 큰 걱정거리로 삼은 것이고, 또 세도는 날로 떨어지고 말세의 풍속은 더욱 투박해지니 후세 사람들이 장차 그 노맥(路脈)을 찾아 따를 수 없을까를 염려한 것이다. 이에 정력을 다해 관련된 글을 모아 이미 『산해사우연원록(山海師友淵源錄)』을 만들었고, 또 「세계(世系)」와 「연보(年譜)」를 위와 같이 편찬하였다.

그가 어진 이를 존신하고 도를 지켜 깊숙이 잠겨있는 의미를 드러내고 후학들에게 갈 길을 알려준 의도가 성대하구나. 박 군은 도를 독실하게 믿고 자신을 잘 지켜 은둔해도 근심이 없었고, 풍도와 기백이 남들보다 크게 뛰어났으니, 어찌 본 것이 없으면서 그러했겠는가?

일찍이 생각건대, 조 선생 문하의 여러 어진 이들 가운데 세상에 명성을 떨친 분이 한둘이 아니지만, 이전에 이러한 저술을 한 분이 있었다는 말을 들어보지 못했는데, 바로 오늘에야 박 군의 손을 기다려 이런 저술이 있게 되었다. 여기서 직접 배워 가르침을 받은 사람이 반드시 상세히 아는 것은 아니고, 풍문을 듣고 흥기한 자가 반드시 소략하지 않다는 것을 알 수 있다.

생각건대, 조 선생이 세상을 떠난 뒤 하늘이 이 사람을 낸 것은 아마 그 사이에 운수가 있어서일 것이다. 「연보」가 완성되고 난 뒤 간행하려고 하면서 나에게 발문을 요청하였다. 나는 견해가 얕고 말솜씨도 부족하니, 어찌 한마디 말을 보탤 수 있겠는가? 그러나 그가 부지런히 마음을 쓴 것은 기록하지 않을 수 없고, 또 높은 어진 이의 사적 뒤에 이름을 붙이는 것을 영광으로 여겨 감히 피하지 않았다.

모월 모일 후학 용화산인(龍華山人) 조임도(趙任道)가 삼가 발문을 짓는다.

「南冥先生年譜跋」

謹按 曹先生爲學 專用力於敬義 一生受用 和恒直方四箇字而已 其天資之明快 質性之剛勇 工程之嚴密 操履之果確 言論氣像之卓爾 出處行藏之脫灑磊落 聳動一世瞻聆 見稱於同時具眼者 甚衆 如大谷德溪寒岡諸先生 敍述備矣 至於獨得超詣之識 明體適用之才 燭微先見之明 守道不撓之介 粹然一出於正 質鬼神而無疑 俟百世而不惑 則知者或鮮 開巖金大諫宇宏 有挽詩曰 海嶽之精日宿光 大儒端合佐皇王 誰知著力唯存省 最是收功在直方 氣節稱公猶可笑 才華論學祇堪傷 不知何損知何益 遙寄哀詞淚滿裳 大谷公亦云 篤學力行 修道進德 精識博聞 鮮與倫比 亦可追配前賢 爲來世學者宗師 而或者之不知 其論有異 何必求知於今之人 直百世以俟知者知耳 二賢之論 該括無餘 庶幾斷盡先生 而道不遇時 畢命巖穴 又不曾屑屑留意於立言垂後 故其遺風餘韻之在人耳目者 日就湮沒而無傳 其或掇拾緖餘 爲象賢思齊之地者 徒得其糟粕 而未窺其閫奧 僅能識廉恥 貴名檢崇節義 傲富貴 而便自謂曰 這箇是曹氏之學 豈不淺淺乎哉 噫 使先生得志兼善 展布其平生大畜 庶幾乎淑人心而明天理 挽回世道 激勵溷濁 巍然

砥柱乎頹波 炳然日星乎冥塗 其功化事業 豈若是而止哉 嗚呼 惜也 近有
朴斯文絪 生於先生之歿十許年後 於先生學行志 槩言論風旨 酷慕而尊信
之 凡與一家子弟門生學徒 引誘諄諄 指授蹊徑者 必以先生爲準的 其意 蓋
以士趨失正 流而不返 爲大憂 又恐其世道日降 末俗益偸 則後之人 將無以
尋逐其路脈也 於是 竭精殫力 捃摭裒輯 旣錄師友淵源 又撰世系年譜如
右 其尊賢衛道 發揮幽潛 指南來學之意 盛矣 朴君篤信自守 遯世無悶 風
力氣魄 大過於人 豈無所見而然乎 嘗念曺先生門下諸賢名世者 非一 而前
此未聞有此簡著述 直待朴君之手 於今日 是知親炙承誨者 未必周詳 而聞
風興起者 未必闕略也 意者 天之生是人於先生之後者 疑亦有數存乎其間
也歟 篇帙旣成 將謀入梓 索跋語于任道 任道見膚語綿 何足以贊一辭 然
其用心之勤 不可以不志 而又以託名於高賢事跡之後爲榮 而不敢避焉

　　月日 後學龍華山人趙任道 謹跋

제2부

남명선생세계

南冥先生世系

01

남명선생세계*
번역문

◎ 본관은 경상도 창녕현이다. 초조(初祖)로부터 그 아래 대로 서로 이어 창성하고 현달하여 이름난 세족이 되었다고 한다.

【삼가 살펴보건대, 묘갈명과 행장에는 모두 원외랑 휘 서(瑞)를 시조로 삼았는데, 보첩(譜牒)에는 '고려 태조의 딸 덕궁공주(德宮公主)가 조씨 휘 겸(謙)에게 시집을 와서 휘 서(瑞)를 낳았'고 하였다. 그러므로 보첩을 따라 겸(謙)을 시조로 삼았다. 또 살펴보건대, 평장사 자기(自奇) 아래와 소감(少監) 우(瑀)의 위에 집안에 전하는 보첩에는 소감 휘 대재(大才) 1세만 있는데, 지금 간행된 보첩을 보면 매계(梅溪)가 만든 옛 족보에는 대재가 없고, 휘 윤공(允恭), 휘 석(碩), 휘 의(誼), 휘 정문(挺文) 4세가 있다. 그러므로 또한 간행된 보첩을 따라 기록해 놓는다.】

• 이 자료는 1982년 아세아문화사에서 영인한 『남명선생별집』 권1에 수록되어 있는 「세계(世系)」를 정리하여 번역한 것이다. 이 「세계」는 창녕조씨 족보에 전하는 것과 차이가 있다. 2023년 간행한 『창녕조씨생원공파보(昌寧曺氏生員公派譜)』에는 『남명선생별집』에 수록된 「세계」를 그대로 따랐다.

◎ 1세 조겸(曺謙): 대악서 승(大樂署丞), 고려 태조 부마

◎ 2세 조서(曺瑞): 형부 원외랑(刑部員外郞)

◎ 3세 조연우(曺延祐): 문하시랑 평장사(門下侍郞 平章事)

◎ 4세 조한지(曺漢知): 문하시랑 평장사

◎ 5세 조지현(曺之賢): 문하시랑 평장사

◎ 6세 조사전(曺思詮): 문하시랑 평장사

◎ 7세 조정린(曺正鱗): 문하시랑 평장사

◎ 8세 조중룡(曺仲龍): 문하시랑 평장사

◎ 9세 조의문(曺義文): 문하시랑 평장사

◎ 10세 조자기(曺自奇): 문하시랑 평장사. 선생이 지은 판교공 묘갈명[251]
에는 "우리 선조는 본관이 창녕인데, 9대에 걸쳐 평장사를 지냈네."라
고 하였다.

◎ 11세 조윤공(曺允恭): 대부경(大府卿)

◎ 12세 조석(曹碩): 전중급사(殿中給事)

◎ 13세 조의(曹誼): 영동정(令同正)

◎ 14세 조정문(曹挺文): 전서(典書)

◎ 15세 조우(曹瑀): 소감(少監)

◎ 16세 조송무(曹松茂): 소감

◎ 17세 조준(曹俊): 소감

◎ 18세 조인취(曹仁取): 소감

◎ 19세 조대장(曹大莊): 소감

◎ 20세 조천길(曹天吉): 중랑장(中郎將)

◎ 21세 조은(曹殷): 중랑장. 곽씨에게 장가들었는데, 현감 곽홍인(郭興仁)의 따님이다.

◎ 22세 조안습(曹安習): 성균관 생원. 문씨에게 장가들었는데, 성균관 학유 문가용(文可容)의 따님이다. 창녕에서 삼가(三嘉)로 처음 이사하

였다.

◎ 23세 조영(曹永): 봉사(奉事). 조씨에게 장가들었는데, 감찰 조찬(趙瓚)
의 따님이다.

◎ 24세 조언형(曹彦亨): 자는 형지(亨之)이다. 묘갈문에 "타고난 성품이
순수하고 방정하였으며, 정사에 임해서는 공손하고 청렴하셨다. 처음
정시(廷試)에 장원하여 승문원 정자에 제수된 뒤로 승문원 판교에 이
르기까지 23년 동안 벼슬길에 계셨다. 외직에 보임된 것이 두 번이었으
니, 의흥현감과 단천군수를 지내셨다. 이조(吏曹)에 근무한 것이 두 번
이었으니, 이조좌랑과 이조정랑을 지내셨다. 대관(臺官)이 된 것이 세
번이었으니, 사간원 정언과 사헌부 지평과 사헌부 집의를 지내셨다. 성
균관에서 스승 역할을 한 것이 여섯 번이었으며, 전적(典籍)을 지낸 것
이 세 번이었으며. 사예(司藝)와 사성(司成)을 지낸 것이 두 번이셨다.
종부시정(宗簿寺正)을 지낸 것이 한 번, 춘추관에서 일한 것이 한 번,
춘추관의 일을 겸한 것이 세 번이셨다. 이씨에게 장가들었는데, 충순
위 이국(李菊)의 따님이며, 현령 이주(李柚)의 손녀이며, 외구(外舅)[252]가
바로 영의정 최윤덕(崔潤德)[253]이다."라고 하였다.

◎ 25세 조식(曹植): 자는 건중(楗仲)이니, 이분이 남명 선생이다. 의정부
영의정에 추증되었고, 시호는 문정공(文貞公)이다.

◎ 조식의 후손을 26세, 27세, 28세까지 정리하면 다음과 같다.

25世	26世	27世	28世
曺植	女 金行(萬戶)	女 金宇顒(參判)	
		女 郭再祐(監司)	
	子 曺次石(縣監)	子 曺晉明(察訪)	子 曺㗆
	子 曺次磨(監察)	子 曺敬明(司果)	子 曺暳
			子 曺晼
			子 曺皢
			子 曺晤
		子 曺益明(將仕郎)	子 曺晬
			子 曺暲
		子 曺復明(將仕郎)	子 曺曒
			子 曺曦
			子 曺晙
	子 曺次矴(嘉善)	子 曺浚明(生員)	子 曺瞋(生員)
			子 曺昇(生員)
			子 曺暑
		子 曺克明(宣務郎)	子 曺景
			子 曺晏(生員)

02

남명선생세계
원문

◎ 本貫 慶尙道 昌寧縣 自初祖以下 相繼昌顯 爲名世族云

【謹按 墓碣及行狀 皆以員外郞諱瑞爲始 而譜牒有高麗太祖德宮公主
下嫁于曹氏諱謙 生諱瑞云 故從譜牒 以謙爲始祖 又按 平章事自奇之下
少監瑁之上 家傳譜牒有少監諱大才一世 而今觀刊行譜牒 則梅溪舊譜
中 無大才而有諱允恭諱碩諱誼諱挺文四世 故亦從刊譜 錄之】

◎ 一世 曹謙: 大樂署丞 麗祖駙馬

◎ 二世 曹瑞: 刑部員外郞

◎ 三世 曹延祐: 門下侍郞 平章事

◎ 四世 曹漢知: 門下侍郞 平章事

◎ 五世 曹之賢: 門下侍郞 平章事

◎ 六世 曺思詮: 門下侍郎 平章事

◎ 七世 曺正鱗: 門下侍郎 平章事

◎ 八世 曺仲龍: 門下侍郎 平章事

◎ 九世 曺義文: 門下侍郎 平章事

◎ 十世 曺自奇: 門下侍郎 平章事 先生所撰判校公碣文 有曰我祖昌山 九代平章

◎ 十一世 曺允恭: 大府卿

◎ 十二世 曺碩: 殿中給事

◎ 十三世 曺誼: 令同正

◎ 十四世 曺挺文: 典書

◎ 十五世 曺瑀: 少監

◎ 十六世 曺松茂: 少監

◎ 十七世 曺俊: 少監

◎ 十八世 曺仁取: 少監

◎ 十九世 曺大莊: 少監

◎ 二十世 曺天吉: 中郎將

◎ 二十一世 曺殷: 中郎將 娶郭氏 縣監興仁之女也

◎ 二十二世 曺安習: 成均生員 娶文氏 成均學諭可容之女也 自昌山始移
居于三嘉

◎ 二十三世 曺永: 奉事 娶趙氏 監察瓚之女也

◎ 二十四世 曺彦亨: 字亨之 碣文曰 率性醇方 莅事恭淸 始由廷試壯元
授承文院正字 至判校 歷二十三年 而補外邑者二 曰義興縣端川郡也
助天官者二 佐郎也正郎也 作臺官者三 正言也持平也執義也 師成均
者六 爲典籍者三 爲司藝司成者再 正宗簿者一 館春秋者一 兼春秋者
三焉 娶李氏 忠順衛菊之女 縣令怵之孫 外舅卽領議政崔潤德也

◎ 二十五世 曺植: 字楗仲 是爲南冥先生 贈議政府領議政 諡文貞公

원문 대조표

원문 대조표

1. 碧寒亭 手稿本1, 手稿本2 相異處 비교

연도	나이	碧寒亭 소장 手稿本1「南冥先生年譜」
1501년(연산 7)	01세	皇明孝宗皇帝 弘治十四年 辛酉-燕山七年- 六月二十六日壬寅辰時 先生生于三嘉之兔洞
1502년(연산 8)	02세	十五年 壬戌
1503년(연산 9)	03세	十六年 癸亥
1504년(연산 10)	04세	十七年 甲子
1505년(연산 11)	05세	十八年 乙丑
1506년(중종 1)	06세	武宗皇帝 正德元年 丙寅 先生六歲 靜重若成人
1507년(중종 2)	07세	二年 丁卯
1508년(중종 3)	08세	三年 戊辰
1509년(중종 4)	09세	四年 己巳 先生九歲 病在席 寬慰母夫人之憂
1510년(중종 5)	10세	五年 庚午
1511년(중종 6)	11세	六年 辛未
1512년(중종 7)	12세	七年 壬申
1513년(중종 8)	13세	八年 癸酉
1514년(중종 9)	14세	九年 甲戌
1515년(중종 10)	15세	十年 乙亥
1516년(중종 11)	16세	十一年 丙子

* 手稿本 1:『남명학연구논총』제3집 부록 영인
* 手稿本 2:『남명학연구논총』제2집 부록 영인(『산해사우연원록』과 함께 수록)
* 手稿本 1은 「南冥先生年譜」 이하 짝수쪽, p.188上까지에 해당된다.
* 빨간색은 서로 상이한 부분, 파란색은 다른 본에 없는 기사 제목, 초록색은 순서
  가 바뀐 것이다.

碧寒亭 소장 手稿本2「南冥先生年譜」	비고
孝宗 弘治十四年-燕山君七年- 辛酉 六月二十六日壬寅辰時 先生生于三嘉縣兎洞	
十五年 壬戌-先生二歲-	
十六年 癸亥-先生三歲-	
十七年 甲子-先生四歲-	
十八年 乙丑-先生五歲-	
武宗 正德元年-中宗大王元年- 丙寅-先生六歲- 靜重若成人	
二年 丁卯-先生七歲-	
三年 戊辰-先生八歲-	
四年 己巳-先生九歲- 病在席 寬慰母夫人之憂	
五年 庚午-先生十歲-	
六年 辛未-先生十一歲-	
七年 壬申-先生十二歲-	
八年 癸酉-先生十三歲-	
九年 甲戌-先生十四歲-	
十年 乙亥-先生十五歲-	
十一年 丙子-先生十六歲-	

연도	나이	碧寒亭 소장 手稿本1「南冥先生年譜」
1517년(중종 12)	17세	十二年 丁丑
1518년(중종 13)	18세	十三年 戊寅 陪先大夫南歸
1519년(중종 14)	19세	十四年 己卯 先生十九歲
1520년(중종 15)	20세	十五年 庚辰 並中司馬試 又中文科漢城試
1521년(중종 16)	21세	十六年 辛巳 先生二十一歲 輟司馬擧
1522년(중종 17)	22세	世宗皇帝 嘉靖元年 壬午
1523년(중종 18)	23세	二年 癸未
1524년(중종 19)	24세	三年 甲申
1525년(중종 20)	25세	四年 乙酉 先生二十五歲 專意聖賢之學 造先聖賢遺像屏
1526년(중종 21)	26세	五年 丙戌 三月 丁判校公憂 奉裳帷歸葬于鄕山
1527년(중종 22)	27세	六年 丁亥
1528년(중종 23)	28세	七年 戊子 服闋 作判校公碣銘
1529년(중종 24)	29세	八年 己丑 先生二十九歲
1530년(중종 25)	30세	九年 庚寅 築山海亭于金官之炭洞
1531년(중종 26)	31세	十年 辛卯 書李原吉所贈心經後

碧寒亭 소장 手稿本2「南冥先生年譜」	비고
十二年 丁丑-先生十七歲-	
十三年 戊寅-先生十八歲- 陪先大夫南歸	
十四年 己卯-先生十九歲-	
十五年 庚辰-先生二十歲- 並中司馬試 又中文科漢城試	
十六年 辛巳-先生二十一歲- 輟司馬擧	小註: 手2 '司馬氏'로 誤記
世宗 嘉靖元年 壬午-先生二十二歲- 聘夫人曺氏	
二年 癸未-先生二十三歲-	
三年 甲申-先生二十四歲-	
四年 乙酉-先生二十五歲- 專意聖賢之學 造先聖賢遺像屛	
五年 丙戌-先生二十六歲- 三月 丁判校公憂 奉裳帷歸葬于鄉山	
六年 丁亥-先生二十七歲-	
七年 戊子-先生二十八歲- 服闋 作判校公碣銘	
八年 己丑-先生二十九歲-	
九年 庚寅-先生三十歲- 築山海亭于金官之炭洞	
十年 辛卯-先生三十一歲- 書李原吉所贈心經後	소주: 手1, 手2 모두 '李俊慶' 誤記 手1: 1면 중복

연도	나이	碧寒亭 소장 手稿本1「南冥先生年譜」
1532년(중종 27)	32세	十一年 壬辰 書宋圭庵所贈大學後 永謝京居 居于金海 題成中廬所贈東國史略後
1533년(중종 28)	33세	十二年 癸巳 秋 赴鄕擧 居第二
1534년(중종 29)	34세	十三年 甲午 春 就明經試 不利
1535년(중종 30)	35세	十四年 乙未
1536년(중종 31)	36세	十五年 丙申 子次山生
1537년(중종 32)	37세	十六年 丁酉 先生三十七歲 請命母夫人 不就東堂
1538년(중종 33)	38세	十七年 戊戌 除獻陵參奉 不就
1539년(중종 34)	39세	十八年 己亥
1540년(중종 35)	40세	十九年 庚子
1541년(중종 36)	41세	二十年 辛丑
1542년(중종 37)	42세	二十一年 壬寅
1543년(중종 38)	43세	二十二年 癸卯 晦齋李先生爲本道監司 以書求見先生 先生辭不見
1544년(중종 39)	44세	二十三年 甲辰 子次山夭 題李君所贈心經後

碧寒亭 소장 手稿本2「南冥先生年譜」	비고
十一年 壬辰-先生三十二歲- 書宋圭庵所贈大學後 永謝京居 居于金海 題成中慮所贈東國史略後	소주: 手1 '獜壽' 오기 소주: 手1 '徹家屬', 手2'輟家屬'
十二年 癸巳-先生三十三歲- 秋 赴鄕擧 居第二	소주: 手2 '是秋…盛事'24자 추가
十三年 甲午-先生三十四歲- 春 就明經試 不利	
十四年 乙未-先生三十五歲-	
十五年 丙申-先生三十六歲- 子次山生	
十六年 丁酉-先生三十七歲- 請命母夫人 不就東堂	
十七年 戊戌-先生三十八歲- 除獻陵參奉 不就	
十八年 己亥	
十九年 庚子	
二十年 辛丑	
二十一年 壬寅-先生四十二歲-	
二十二年 癸卯-先生四十三歲- 晦齋李先生爲本道監司 以書求見先生 先生辭不見	
二十三年 甲辰-先生四十四歲- 六月 子次山夭 題李君所贈心經後 十一月 中宗昇遐 仁宗卽位	소주: 手1 '甲辰' 뒤에 '十一月 中廟昇遐 仁廟卽位'더 있음 手2: '六月' 추가 '題李君所贈心經後'의 소주: 手1 '略曰' 다음 '云云' 手2 내 용 기록 手2: '十一月 中宗昇遐 仁宗卽 位'

연도	나이	碧寒亭 소장 手稿本1「南冥先生年譜」
1545년(인종 1)	45세	二十四年 乙巳 -仁廟元年 七月 仁宗昇遐 明宗卽位- 先生四十五歲 十一月 丁母夫人憂
1546년(명종 1)	46세	二十五年 丙午 -明廟元年- 春祔葬母夫人于判校公之墓東原 立碣石
1547년(명종 2)	47세	二十六年 丁未 先生四十七歲 服闋 因居兎洞之舊業 聞宋圭庵訃 爲位哭之
1548년(명종 3)	48세	二十七年 戊申 除典牲主簿 不就 創鷄伏堂 構雷龍舍
1549년(명종 4)	49세	二十八年 己酉 先生四十九歲 八月 遊紺岳山
1550년(명종 5)	50세	二十九年 庚戌
1551년(명종 6)	51세	三十年 辛亥 除宗簿主簿 不就 吳德溪健始受業於門
1552년(명종 7)	52세	三十一年 壬子 哭金三足堂 庶子次石生 答聽松成先生書
1553년(명종 8)	53세	三十二年 癸丑 答退溪李先生書
1554년(명종 9)	54세	三十三年 甲寅

碧寒亭 소장 手稿本2「南冥先生年譜」	비고
二十四年 乙巳-仁宗大王元年 先生四十五歲- 七月 仁宗昇遐 明宗卽位 十一月 丁母夫人憂	手1: 1판 중복 手1: 소주 '仁廟元年' 더 있음
二十五年 丙午-明宗大王元年 先生四十六歲- 春祔葬母夫人于判校公墓之東原 立碣石	手1: 소주 끝에 '享年七十' 더 있음
二十六年 丁未-先生四十七歲- 服闋 因居兎洞之舊業 聞宋圭庵訃 爲位哭之	手1: '先生四十七歲' 뒤 소주 에 '是年鄭彦慤上辨告 構殺鳳 城君 因加罪乙巳名流' 더 있음
二十七年 戊申-先生四十八歲- 除典牲主簿 不就 創鷄伏堂 構雷龍舍	
二十八年 己酉-先生四十九歲- 八月 遊紺岳山	手2: 소주 '自丁未乙巳'로 誤記 소주: 手1에는 '盖', 手2에는 '蓋'
二十九年 庚戌-先生五十歲- 卜小室-소주-	手2에만 '卜小室-소주-' 있음
三十年 辛亥-先生五十一歲- 除宗簿主簿 不就 吳德溪健始受業於門	
三十一年 壬子-先生五十二歲- 哭金三足堂 庶子次石生 答聽松成先生書	
三十二年 癸丑-先生五十三歲- 答退溪李先生書	
三十三年 甲寅-先生五十四歲-	手1:'吳德溪健始受業於門'을 처음 이해에 기록했다가 51세 조로 옮김

연도	나이	碧寒亭 소장 手稿本1「南冥先生年譜」
1555년(명종 10)	55세	三十四年 乙卯 除丹城縣監 不就上疏辭職
1556년(명종 11)	56세	三十五年 丙辰 河覺齋沉始受業於門
1557년(명종 12)	57세	三十六年 丁巳 庶子次磨生
1558년(명종 13)	58세	三十七年 戊午 先生五十八歲 與金晉州泓 李秀才公亮 李黃江希 顏 李龜巖楨 同遊智異山
1559년(명종 14)	59세	三十八年 己未 除司紙 不就 五月 哭李黃江
1560년(명종 15)	60세	三十九年 庚申 庶子次矴生
1561년(명종 16)	61세	四十年 辛酉 先生六十一歲 遂入居于智異山之德川洞 創山天齋
1562년(명종 17)	62세	四十一年 壬戌 哭申松溪
1563년(명종 18)	63세	四十二年 癸亥 金東岡宇顒始受業於門 二月 李龜巖楨來謁 尋灆溪書院 與姜介庵翼 訪葛川林先生于廬所
1564년(명종 19)	64세	四十三年 甲子 與吳德溪健 會德山寺 與退溪李先生書
1565년(명종 20)	65세	四十四年 乙丑 -四月 文定王后昇遐- 先生六十五歲 答吳德溪健書 崔守愚堂永慶始請學于門

碧寒亭 소장 手稿本2「南冥先生年譜」	비고
三十四年 乙卯-先生五十五歲- 除丹城縣監 不就上疏辭職	
三十五年 丙辰-先生五十六歲- 河覺齋沆始受業於門	
三十六年 丁巳-先生五十七歲- 庶子次磨生	
三十七年 戊午-先生五十八歲- 先生與金晉州泓 李秀才公亮 李黃江希顔 李龜巖 楨 同遊智異山	
三十八年 己未-先生五十九歲- 除司紙 不就 五月 哭李黃江	
三十九年 庚申-先生六十歲- 庶子次矴生	
四十年 辛酉-先生六十一歲- 遂入居于智異山之德川洞 創山天齋	
四十一年 壬戌-先生六十二歲- 哭申松溪	
四十二年 癸亥-先生六十三歲- 金東岡宇顒始受業於門 二月 李龜巖楨來謁 尋灆溪書院 與姜介庵翼 訪葛川林先生于廬所	
四十三年 甲子-先生六十四歲- 與吳德溪健 會德山寺 與退溪李先生書	
四十四年 乙丑-先生六十五歲- 崔守愚堂永慶始請學于門 答吳德溪健書	手1: '先生六十五歲' 뒤 소주에 윤원형이 쫓겨난 것 기술 手2: '答吳德溪健書' 뒤 소주에 문정왕후 죽고 윤원형 쫓겨난 것 기술

연도	나이	碧寒亭 소장 手稿本 1 「南冥先生年譜」
1566년(명종 21)	66세	四十五年 丙寅 正月 盧玉溪禛 姜介庵翼 吳德溪健 金東岡宇顒謁 先生于智谷寺 二月 與李龜巖楨會斷俗寺 鄭寒岡逑始請學於門 二月 先生會盧玉溪禛 姜介庵翼 訪葛川林先生兄 弟 同遊玉山洞 五月 被召 不就 八月 除尙瑞判官 有旨再召 始就徵 十月 入京 命引對思政殿 翌日還山
1567년(명종 22)	67세	穆宗皇帝 隆慶元年 丁卯-六月 明廟昇遐 宣廟卽位- 十一月 下旨召 辭不就 又下旨召 辭不就 八月 會東洲成先生于伽倻之海印寺
1568년(선조 1)	68세	二年 戊辰-宣廟元年- 五月 下旨召 上封事 辭不就 七月 夫人曺氏終于金海之舊居 十二月 絕李龜巖
1569년(선조 2)	69세	三年 己巳 授宗親府典籤 不就
1570년(선조 3)	70세	四年 庚午 再召 皆辭
1571년(선조 4)	71세	五年 辛未 四月 特命本道賜食物 上疏陳謝 跋寒暄堂金先生畫屏 九月 吳德溪健來謁 十一月 盧玉溪禛來拜 十二月 寢疾

碧寒亭 소장 手稿本2「南冥先生年譜」	비고
	手2: 소주 기술 중 '金鑾祥'으로 오기
四十五年 丙寅 -先生六十六歲- 正月 盧玉溪禛 姜介庵翼 吳德溪健 金東岡宇顒謁 先生于智谷寺 二月 與李龜巖楨會斷俗寺 鄭寒岡述始請學於門 三月 先生會盧玉溪禛 姜介庵翼 訪葛川林先生兄 弟 同遊玉山洞 五月 被召 不就 八月 除尙瑞判官 有旨再召 始就徵 十月 入京 命引對思政殿 翌日還山	
穆宗 隆慶元年 丁卯 -先生六十七歲- 六月 明宗昇遐 十一月 下旨召 辭不就 又下旨召 辭不就	手2: '八月 會東洲成先生于伽倻之海印寺'및 소주 기사 삭제
二年 戊辰 -宣宗大王元年 先生六十八歲- 五月 下旨召 上封事 辭不就 七月 夫人終于金海之舊居 是年 絶李龜巖	
三年 己巳 -先生六十九歲- 授宗親府典籤 不就	
四年 庚午 -先生七十歲- 再召 皆辭	
五年 辛未 -先生七十一歲- 正月 聞退溪先生訃 四月 特命本道賜食物 上疏陳謝 跋寒暄堂金先生畫屏 九月 吳德溪健來謁 十一月 盧玉溪禛來拜 十二月 寢疾	手2: '正月 聞退溪先生訃' 추가

연도	나이	碧寒亭 소장 手稿本1「南冥先生年譜」
1572년(선조 5)	72세	六年 壬申 先生七十二歲 正月 盧玉溪禛 鄭寒岡逑 來省 二月 初六日 李光友來候 命門人河應圖 孫天祐 柳宗智等治喪以儀禮 初八日 終于正寢 訃聞 命賜賻賜祭 贈通政大夫司諫院大司諫 四月 初六日 葬于山天齋後峯
1576년(선조 9)		神宗皇帝 萬曆四年 丙子 創德川書院 創晦山書院
1578년(선조 11)		六年 戊寅 創新山書院
1601년(선조 34)		二十九年 辛丑 創龍岩書院
1608년(선조 41)		
1609년(광해 1)		三十七年 己酉 賜德川新山龍岩三書院額
1615년(광해 7)		四十三年 乙卯 贈大匡輔國崇祿大夫 議政府領議 政 兼領經筵弘文館藝文館春秋館觀象監事 世子 師 諡文貞公
1617년(광해 9)		四十五年丁巳 嶺南生員河仁尙等數百人 上疏請從 祀文廟 未蒙允

碧寒亭 소장 手稿本2「南冥先生年譜」	비고
六年 壬申 -先生七十一歲- 正月 盧玉溪禛 鄭寒岡逑 來省 二月 初六日 李光友來候 命門人河應圖 孫天祐 柳宗智等治喪以儀節 初八日 終于正寢 訃聞 命賜賻賜祭 贈通政大夫司諫院大司諫 四月 初六日 葬于山天齋後麓	手1 '儀禮'로, 手2 '儀節'로 手1: '訃聞' 아래 소주 '二精'으 로, 手2에는 '三精' 手1 '後峯'으로, 手2 '後麓'으로
神宗 萬曆四年 丙子 創德川書院 創晦山書院	
六年 戊寅 創新山書院	
二十九年 辛丑 創龍巖書院	
三十六年 戊申 二月 -宣宗大王昇遐-	手1에는 기사 없음
三十七年 己酉 賜德川新山龍巖三書院額	
四十三年 乙卯 贈大匡輔國崇祿大夫 議政府領議 政 兼領經筵弘文舘藝文舘春秋舘觀象監事 世子 師 謚文貞公	
四十五年 丁巳 嶺南生員河仁尙等數百人 上疏請從 祀文廟 未蒙允	

2. 벽한정 수고본2, 『무민당집』, 『남명선생별집』의 「연보」 기사 비교

연도	나이	碧寒亭 소장 手稿本2 「南冥先生年譜」
1501년(연산 7)	01세	六月二十六日壬寅辰時 先生生于三嘉縣 兎洞
1502년(연산 8)	02세	
1503년(연산 9)	03세	
1504년(연산 10)	04세	
1505년(연산 11)	05세	
1506년(중종 1)	06세	靜重若成人
1507년(중종 2)	07세	
1508년(중종 3)	08세	
1509년(중종 4)	09세	病在席 寬慰母夫人之憂
1510년(중종 5)	10세	
1511년(중종 6)	11세	
1512년(중종 7)	12세	
1513년(중종 8)	13세	
1514년(중종 9)	14세	
1515년(중종 10)	15세	
1516년(중종 11)	16세	
1517년(중종 12)	17세	
1518년(중종 13)	18세	陪先大夫南歸
1519년(중종 14)	19세	소주 기묘사화
1520년(중종 15)	20세	並中司馬試 又中文科漢城試
1521년(중종 16)	21세	輟司馬擧
1522년(중종 17)	22세	聘夫人曺氏

朴絪『無悶堂集』권5「南冥先生年譜」	『南冥先生別集』「年譜」
六月二十六日壬寅辰時 先生生于三嘉縣兎洞	六月二十六日壬寅辰時 先生生于三嘉縣兎洞
靜重若成人	靜重若成人
病在席 寬慰母夫人之憂	病在席 寬慰母夫人之憂
陪先大夫南歸	陪先大夫南歸
並中司馬試 又中文科漢城試	並中司馬試 又中文科漢城試
輟司馬擧	輟司馬擧
聘夫人曺氏	聘夫人曺氏

연도	나이	碧寒亭 소장 手稿本2「南冥先生年譜」
1523년(중종 18)	23세	
1524년(중종 19)	24세	
1525년(중종 20)	25세	專意聖賢之學 造先聖賢遺像屛
1526년(중종 21)	26세	三月 丁判校公憂 奉裳帷歸葬于鄕山
1527년(중종 22)	27세	
1528년(중종 23)	28세	服闋 作判校公碣銘
1529년(중종 24)	29세	소주 6월 문정왕후 승위
1530년(중종 25)	30세	築山海亭于金官之炭洞
1531년(중종 26)	31세	書李原吉所贈心經後
1532년(중종 27)	32세	書宋圭庵所贈大學後 永謝京居 居于金海 題成中慮所贈東國史略後
1533년(중종 28)	33세	秋 赴鄕擧 居第二
1534년(중종 29)	34세	春 就明經試 不利
1535년(중종 30)	35세	
1536년(중종 31)	36세	子次山生
1537년(중종 32)	37세	請命母夫人 不就東堂
1537년(중종 33)	38세	除獻陵參奉 不就
1539년(중종 34)	39세	
1540년(중종 35)	40세	
1541년(중종 36)	41세	
1542년(중종 37)	42세	
1543년(중종 38)	43세	晦齋李先生爲本道監司 以書求見先生 先生辭不見
1544년(중종 39)	44세	六月 子次山夭

朴絪『無悶堂集』권5「南冥先生年譜」	『南冥先生別集』「年譜」
專意聖賢之學 造先聖賢遺像屛	專意聖賢之學 造先聖賢遺像屛
三月 丁判校公憂 奉裳帷歸葬于鄕山	三月 丁判校公憂 奉裳帷歸葬于鄕山
服闋 作判校公碣銘	服闋 作判校公碣銘
築山海亭于金官之炭洞	築山海亭于金官之炭洞
書李原吉所贈心經後	書李原吉所贈心經後
書宋圭庵所贈大學後 永謝京居 居于金海 題成中慮所贈東國史略後	書宋圭庵所贈大學後 永謝京居 居于金海 題成中慮所贈東國史略後
秋 赴鄕擧 居第二	秋 赴鄕擧 居第二
春 就明經試 不利	春 就明經試 不利
子次山生	子次山生
請命母夫人 不就東堂	請命母夫人 不就東堂
除獻陵參奉 不就	除獻陵參奉 不就
晦齋李先生爲本道監司 以書求見先生 先生辭不見	晦齋李先生爲本道監司 以書求見先生 先生辭不見
六月 子次山夭	六月子次山夭

연도	나이	碧寒亭 소장 手稿本2「南冥先生年譜」
		題李君所贈心經後 十一月 中宗昇遐 仁宗卽位
1545년(인종 1)	45세	七月 仁宗昇遐 明宗卽位 十一月 丁母夫人憂
1546년(명종 1)	46세	春祔葬母夫人于判校公墓之東原 立碣石
1547년(명종 2)	47세	服闋 因居兎洞之舊業 聞宋圭庵訃 爲位哭之
1548년(명종 3)	48세	除典牲主簿 不就 創鷄伏堂 構雷龍舍
1549년(명종 4)	49세	八月 遊紺岳山
1550년(명종 5)	50세	卜小室+소주
1551년(명종 6)	51세	除宗簿主簿 不就 吳德溪健始受業於門
1552년(명종 7)	52세	哭金三足堂 庶子次石生 答聽松成先生書
1553년(명종 8)	53세	答退溪李先生書
1554년(명종 9)	54세	
1555년(명종 10)	55세	除丹城縣監 不就 上疏辭職
1556년(명종 11)	56세	河覺齋沆始受業於門
1557년(명종 12)	57세	庶子次磨生
1558년(명종 13)	58세	先生與金晉州泓 李秀才公亮 李黃江希顔 李龜巖楨 同遊智異山
1559년(명종 14)	59세	除司紙 不就 五月 哭李黃江
1560년(명종 15)	60세	庶子次矴生

朴絪『無悶堂集』卷5「南冥先生年譜」	『南冥先生別集』「年譜」
題李君所贈心經後 十一月 中宗昇遐 仁宗卽位	題李君所贈心經後 十一月 中宗昇遐
七月 仁宗昇遐 明宗卽位 十一月 丁母夫人憂	七月 仁宗昇遐 十一月 丁母夫人憂
春祔葬母夫人于判校公墓之東原 立碣石	春祔葬母夫人于判校公墓之東原 立碣石
服闋 因居兎洞之舊業 聞宋圭庵訃 爲位哭之	服闋 因居兎洞之舊業 聞宋圭庵訃 爲位哭之
除典牲主簿 不就 創鷄伏堂 構雷龍舍	除典牲主簿 不就 創鷄伏堂 構雷龍舍
八月 遊紺岳山	八月 遊紺岳山
繼配+註	없음
除宗簿主簿 不就 吳德溪健始受業於門	除宗簿主簿 不就 吳德溪健始受業於門
哭金三足堂 子次石生 答聽松成先生書	哭金三足堂 子次石生 答聽松成先生書
答退溪李先生書	答退溪李先生書
除丹城縣監 不就 上疏辭職	除丹城縣監 不就 上疏辭職
河覺齋沆始受業於門	河覺齋沆始受業於門
子次磨生	子次磨生
先生與金晉州泓 李秀才公亮 李黃江希顏 李龜巖楨 同遊智異山	先生與金晉州泓 李秀才公亮 李黃江希顏 李龜巖楨 同遊智異山 八月 會東洲成先生于伽倻之海印寺
除司紙 不就 五月 哭李黃江	除司紙 不就 五月 哭李黃江
子次矴生	子次矴生

연도	나이	碧寒亭 소장 手稿本2「南冥先生年譜」
1561년(명종 16)	61세	遂入居于智異山之德川洞 創山天齋
1562년(명종 17)	62세	哭申松溪
1563년(명종 18)	63세	金東岡宇顒始受業於門 二月 李龜巖楨來謁 尋濫溪書院 與姜介庵翼 訪葛川林先生 于廬所
1564년(명종 19)	64세	與吳德溪健 會德山寺 與退溪李先生書
1565년(명종 20)	65세	崔守愚堂永慶始請學于門 答吳德溪健書
1566년(명종 21)	66세	正月 盧玉溪禛 姜介庵翼 吳德溪健 金東 岡宇顒謁先生于智谷寺 二月 與李龜巖楨會斷俗寺 鄭寒岡逑始請學於門 三月 先生會盧玉溪禛 姜介庵翼 訪葛川 林先生兄弟 同遊玉山洞 五月 被召 不就 八月 除尙瑞判官 有旨再召 始就徵 十月 入京 命引對思政殿 翌日還山
1567년(명종 22)	67세	六月 明宗昇遐 十一月 下旨召 辭不就 又下旨召 辭不就
1568년(선조 1)	68세	五月 下旨召 上封事辭不就 七月 夫人終于金海之舊居 是年 絶李龜巖
1569년(선조 2)	69세	授宗親府典籤 不就
1570년(선조 3)	70세	再召 皆辭
1571년(선조 4)	71세	正月 聞退溪先生訃 四月 特命本道賜食物 上疏陳謝 跋寒暄堂金先生畫屛

朴絪『無悶堂集』권5「南冥先生年譜」	『南冥先生別集』「年譜」
遂入居于智異山之德川洞 創山天齊	遂入居于智異山之德川洞 創山天齋
哭申松溪	哭申松溪
金東岡宇顒始受業於門 二月 李龜巖楨來謁 尋灆溪書院 與姜介庵翼 訪葛川林先生 于廬所	金東岡宇顒始受業於門 二月 李龜巖楨來謁 尋灆溪書院 與姜介庵翼 訪葛川林先生 于廬所
與吳德溪健 會德山寺 與退溪李先生書	與吳德溪健 會德山寺 與退溪李先生書
崔守愚堂永慶始請學于門 答吳德溪健書	崔守愚堂永慶始請學于門 答吳德溪健書
正月 盧玉溪禛 姜介庵翼 吳德溪健 金東 岡宇顒謁先生于智谷寺 二月 與李龜巖楨會斷俗寺 鄭寒岡逑始請學於門 三月 先生會盧玉溪禛 姜介庵翼 訪葛川 林先生兄弟 同遊玉山洞 五月 被召 不就 八月 除尙瑞判官 有旨再召 始就徵 十月 入京 命引對思政殿 翌日還山	正月 盧玉溪禛 姜介庵翼 吳德溪健 金東 岡宇顒謁先生于智谷寺 二月 與李龜巖楨會斷俗寺 鄭寒岡逑始請學於門 三月 先生會盧玉溪禛 姜介庵翼 訪葛川 林先生兄弟 同遊玉山洞 五月 被召 不就 八月 除尙瑞判官 有旨再召 始就徵 十月 入京 命引對思政殿 翌日還山
六月 明宗昇遐 十一月 下旨召 辭不就 又下旨召 辭不就	六月 明宗昇遐 十一月 下旨召 辭不就 又下旨召 辭不就
五月 下旨召 上封事辭不就 七月 夫人終于金海之舊居 答李龜巖	五月 下旨召 上封事辭不就 七月 夫人終于金海之舊居 是年 絶李龜巖
授宗親府典籤 不就	授宗親府典籤 不就
再召 皆辭	再召 皆辭
正月 聞退溪先生訃 四月 特命本道賜食物 上疏陳謝 跋寒暄堂金先生畫屛	正月 聞退溪先生訃 四月 特命本道賜食物 上疏陳謝 跋寒暄堂金先生畫屛

연도	나이	碧寒亭 소장 手稿本2「南冥先生年譜」
		九月 吳德溪健來謁 十一月 盧玉溪禛來拜 十二月 寢疾
1572년(선조 5)	72세	正月 盧玉溪禛 鄭寒岡述 來省 二月初六日 李光友來候 命門人河應圖 孫天祐 柳宗智等治喪以儀節 初八日終于正寢 訃聞 命賜賻賜祭 贈通政大夫司諫院大司諫 四月 初六日 葬于山天齋後麓
1576년(선조 9)		創德川書院 創晦山書院
1578년(선조 11)		創新山書院
1601년(선조 34)		創龍岩書院
1608년(선조 41)		
1609년(광해 1)		賜德川新山龍岩三書院額
1615년(광해 7)		贈大匡輔國崇祿大夫 議政府領議政 兼領經筵弘文舘藝文舘春秋舘觀象監事 世子師 謚文貞公
1617년(광해 9)		嶺南生員河仁尙等數百人 上疏請從祀文廟 未蒙允

朴絪『無悶堂集』권5「南冥先生年譜」	『南冥先生別集』「年譜」
九月 吳德溪健來謁 十一月 盧玉溪禛來拜 十二月 寢疾	九月 吳德溪健來謁 十一月 盧玉溪禛來拜 十二月 寢疾
正月 盧玉溪禛 鄭寒岡逑 來省 二月初六日 李光友來候 命門人河應圖 孫天祐 柳宗智等治喪以儀禮 初八日終于正寢 訃聞 命賜賻賜祭 贈通政大夫司諫院大司諫 四月 初六日 葬于山天齋後麓	正月 盧玉溪禛 鄭寒岡逑 來省 二月初六日 李光友來候 命門人河應圖 孫天祐 柳宗智等治喪以儀禮 初八日終于正寢 訃聞 命賜賻賜祭 贈通政大夫司諫院大司諫 四月 初六日 葬于山天齋後麓
創德川書院 創晦山書院	創德川書院 創晦山書院
創新山書院	創新山書院
創龍巖書院	創龍巖書院
二月-宣宗大王昇遐-	二月-宣宗大王昇遐-
賜德川新山龍巖三書院額	賜德川新山龍巖三書院額
贈大匡輔國崇祿大夫 議政府領議政 兼領經筵弘文館藝文館春秋館觀象監事 世子師 諡文貞公	贈大匡輔國崇祿大夫 議政府領議政 兼領經筵弘文館藝文館春秋館觀象監事 世子師 諡文貞公
嶺南生員河仁尙等數百人 上疏請從祀文廟 未蒙允	嶺南生員河仁尙等數百人 上疏請從祀文廟 未蒙允 其後儒生請享疏 嶺南七度 湖西八度 湖南四度 館與學合十二度 開城府一度 玉堂箚一度 兩司各一度 通計三十五度 而終未蒙允

3.『남명선생별집』「연보」와 『남명선생편년』비교

연도	나이	碧寒亭 소장 手稿本2「南冥先生年譜」
1501년(연산 7)	01세	六月二十六日壬寅辰時 先生生于三嘉縣兔洞
1502년(연산 8)	02세	
1503년(연산 9)	03세	
1504년(연산 10)	04세	
1505년(연산 11)	05세	
1506년(중종 1)	06세	靜重若成人
1507년(중종 2)	07세	
1508년(중종 3)	08세	
1509년(중종 4)	09세	病在席 寬慰母夫人之憂
1510년(중종 5)	10세	
1511년(중종 6)	11세	
1512년(중종 7)	12세	
1513년(중종 8)	13세	
1514년(중종 9)	14세	
1515년(중종 10)	15세	
1516년(중종 11)	16세	
1517년(중종 12)	17세	
1518년(중종 13)	18세	陪先大夫南歸
1519년(중종 14)	19세	
1520년(중종 15)	20세	並中司馬試 又中文科漢城試
1521년(중종 16)	21세	輟司馬擧
1522년(중종 17)	22세	聘夫人曺氏
1523년(중종 18)	23세	

六月二十六日壬寅辰時 先生生于三嘉縣兎洞外王考李忠順衛菊家

受學於家庭

陪判校公 自端川歸京第

與友人讀易于山寺
十二月 聞靜庵趙先生訃

赴別擧初試 並中生進兩試及文科試

就文科會試

委禽于南平曺氏之門

연도	나이	碧寒亭 소장 手稿本2「南冥先生年譜」
1524년(중종 19)	24세	
1525년(중종 20)	25세	專意聖賢之學 造先聖賢遺像屏
1526년(중종 21)	26세	三月 丁判校公憂 奉裳帷歸葬于鄕山
1527년(중종 22)	27세	
1528년(중종 23)	28세	服闋 作判校公碣銘
1529년(중종 24)	29세	
1530년(중종 25)	30세	築山海亭于金官之炭洞
1531년(중종 26)	31세	書李原吉所贈心經後
1532년(중종 27)	32세	書宋圭庵所贈大學後 永謝京居 居于金海 題成中慮所贈東國史略後
1533년(중종 28)	33세	秋 赴鄕擧 居第二
1534년(중종 29)	34세	春 就明經試 不利
1535년(중종 30)	35세	
1536년(중종 31)	36세	子次山生
1537년(중종 32)	37세	請命母夫人 不就東堂
1538년(중종 33)	38세	除獻陵參奉 不就
1539년(중종 34)	39세	
1540년(중종 35)	40세	
1541년(중종 36)	41세	
1542년(중종 37)	42세	

與友人讀性理大全於山寺
手摹先聖及周程朱三子像 龕奉之 每朝瞻禮

三月 丁判校公憂

六月 服闋
秋 撰判校公墓碣
與成參奉遇 遊頭流山

正月 讀書闍崛山
李淸香堂源來訪 質問經旨
撰李永慕齋楶行錄後識

移居于金海之神魚山下 築山海亭
成大谷李淸香堂申松溪季誠李黃江希顔來訪

書李原吉所贈心經後

書宋圭庵麟壽大學後
撤京第 還海居
跋成仲慮所贈東國史略

秋 赴鄉擧 居第一

春 赴會試 不利

子次山生
秋 赴鄉擧 居第三

不就會試
鄭棲庵之麟來學

除獻陵參奉 辭不就

夏 與諸生 讀書于智異山神凝寺

鄭梅村復顯來學

연도	나이	碧寒亭 소장 手稿本2「南冥先生年譜」
1543년(중종 38)	43세	晦齋李先生爲本道監司 以書求見先生 先生辭不見
1544년(중종 39)	44세	六月子次山夭 題李君所贈心經後 十一月 中宗昇遐
1545년(인종 1)	45세	 七月 仁宗昇遐 十一月 丁母夫人憂
1546년(명종 1)	46세	春 祔葬母夫人于判校公墓之東原 立碣石
1547년(명종 2)	47세	服闋 因居兎洞之舊業 聞宋圭庵訃 爲位哭之
1548년(명종 3)	48세	除典牲主簿 不就 創鷄伏堂 構雷龍舍
1549년(명종 4)	49세	八月 遊紺岳山
1550년(명종 5)	50세	
1551년(명종 6)	51세	除宗簿主簿 不就 吳德溪健始受業於門
1552년(명종 7)	52세	哭金三足堂 子次石生 答聽松成先生書

答晦齋李先生書

六月 喪子次山

李陶丘濟臣來謁
十一月 中宗昇遐

權源塘文任來學
盧立齋欽來學
與郭警齋恂 之雲門 訪金三足堂大有及朴逍遙堂河淡
七月 仁宗昇遐
李淸江濟臣來謁
十月 聞李大諫霖成參奉遇郭司諫珣李獻納致之訃
十一月 丁母夫人憂
十二月 奉裳帷 歸葬于先大夫墓之東原

春 立碣于先夫人墓

聞宋圭庵訃

二月 服闋
哭權安分堂逵
除典牲署主簿 辭不就
還居于兎洞
鷄伏堂雷龍亭成

八月 與諸生遊紺岳山 觀鋪淵

李竹閣光友及其從兄松堂光坤來學
文玉洞益成來學

除宗簿寺主簿 辭
吳德溪健來學
與盧玉溪禛姜介庵翼 遊花林洞
金七峯希參來訪

副室子次石生
哭金三足堂
答成聽松守琛書

연도	나이	碧寒亭 소장 手稿本2 「南冥先生年譜」
1553년(명종 8)	53세	答退溪李先生書
1554년(명종 9)	54세	
1555년(명종 10)	55세	除丹城縣監 不就 上疏辭職
1556년(명종 11)	56세	河覺齋沆始受業於門
1557년(명종 12)	57세	子次磨生
1558년(명종 13)	58세	先生與金晉州泓 李秀才公亮 李黃江希顔 李龜巖楨 同遊智異山 八月 會東洲成先生于伽倻之海印寺
1559년(명종14)	59세	除司紙 不就 五月 哭李黃江
1560년(명종15)	60세	子次矸生
1561년(명종16)	61세	遂入居于智異山之德川洞 創山天齋
1562년(명종17)	62세	哭申松溪
1563년(명종18)	63세	金東岡宇顒始受業於門 二月 李龜巖楨來謁

答李退溪滉書

姜介庵來學

二月 朴松巖齊賢及其弟篁巖齊仁來學
除丹城縣監 上疏 辭
河寧無成應圖來學

河喚醒齋洛及其弟河覺齋沆來學

副室子次磨生
訪成大谷于報恩之俗離山

四月 遊頭流山

八月 會成東洲于海印寺
姜介庵來侍
吳竹牖來學于山海亭

春 趙大笑軒宗道 隨其外舅李新庵俊民 贄謁
除造紙署司紙 辭疾 不就
五月 哭李黃江
八月 訪金七峯于星州
李茅村瀞來學

副室子次矴生
李日新堂天慶來學
哭金七峯
金松庵沔來學

撰李黃江墓表
移居于晉州德山之絲綸洞
山天齋成
鄭藥圃琢來學
七月 趙雲岡瑗來學
永慕堂記成
十一月 李桐谷晃來學

哭申松溪

李雪壑大期來學
二月 李龜巖來訪

연도	나이	碧寒亭 소장 手稿本2「南冥先生年譜」
		尋灆溪書院 與姜介庵翼 訪葛川林先生于廬所
1564년(명종19)	64세	與吳德溪健 會德山寺 與退溪李先生書
1565년(명종20)	65세	崔守愚堂永慶始請學于門 答吳德溪健書
1566년(명종 21)	66세	正月 盧玉溪禛 姜介庵翼 吳德溪健 金東岡宇顒謁先生 于智谷寺 二月 與李龜巖楨 會斷俗寺 鄭寒岡逑始請學於門 三月 先生會盧玉溪禛 姜介庵翼 訪葛川林先生兄弟 同 遊玉山洞 五月 被召 不就 八月 除尙瑞判官 有旨再召 始就徵 十月 入京 命引對思政殿 翌日還山
1567년(명종 22)	67세	六月 明宗昇遐 十一月 下旨召 辭不就 又下旨召 辭不就
1568년(선조 1)	68세	五月 下旨召 上封事 辭不就 七月 夫人終于金海之舊居 是年 絶李龜巖

三月 如灆溪 謁一蠹鄭先生祠 聽諸生講
慰林葛川薰于廬所
金東岡來學
李松巖魯來學

二月 聞聽松訃
七月 會吳德溪于三藏寺

答吳子强書
景賢錄補遺成
崔守愚堂永慶 贄謁請學
會鄭梅村 吳德溪 都養性希齡于智谷寺
冬 金省庵孝元來謁

正月 與盧玉溪及諸生 會于智谷寺

二月 與龜巖 會斷俗寺
三月 及林葛川盧玉溪姜介庵 遊安陰之玉山洞
鄭寒岡來學

七月 有旨召 不就
八月 除尙瑞院判官 有旨召
十月 初三日 詣闕肅拜 入對思政殿
十一日 辭歸
崔月潭滉 贄謁受學

俞大修來謁
六月 明宗昇遐
十一月 敎書特召 上疏 辭
十二月 又有旨召 上辭狀
鄭寒岡來謁
郭忘憂堂再祐來學

五月 有旨召 上疏 辭
七月 夫人曹氏卒
成浮查汝信來謁

연도	나이	碧寒亭 소장 手稿本2「南冥先生年譜」
1569년(선조 2)	69세	授宗親府典籤 不就
1570년(선조 3)	70세	再召 皆辭
1571년(선조 4)	71세	正月 聞退溪先生訃 四月 特命本道賜食物 上疏陳謝 跋寒暄堂金先生畫屛 九月 吳德溪健來謁 十一月 盧玉溪禛來拜 十二月 寢疾
1572년(선조 5)	72세	正月 盧玉溪禛 鄭寒岡逑 來省 二月 初六日 李光友來候 命門人河應圖 孫天祐 柳宗智等治喪以儀禮 初八日 終于正寢 訃聞 命賜賻賜祭 贈通政大夫司諫院大司諫 四月 初六日 葬于山天齋後麓
1576년(선조 9)		創德川書院 創晦山書院
1578년(선조 11)		創新山書院
1601년(선조 34)		創龍巖書院
1608년(선조 41)		二月 -宣宗大王昇遐-
1609년(광해 1)		賜德川新山龍巖三書院額
1615년(광해 7)		贈大匡輔國崇祿大夫 議政府領議政 兼領經筵弘文館藝 文館春秋館觀象監事 世子師 諡文貞公
1617년(광해 9)		嶺南生員河仁尙等數百人 上疏請從祀文廟 未蒙允 其後儒生請享疏 嶺南七度 湖西八度 湖南四度 館與 學合十二度 開城府一度 玉堂箚一度 兩司各一度 通計 三十五度 而終未蒙允

授宗親府典籤 辭疾 不就
擬作策題 問諸生

再召 皆辭

正月 聞退溪訃
四月 上特命本道監司賜食物 上疏陳謝
記寒暄堂金先生畫屏

十二月 遘疾

正月 盧玉溪 金東岡 鄭寒岡 河覺齋 來省疾
二月 李竹閣 河寧無成 孫撫松 柳潮溪 李茅村 李陶丘 林灆溪 朴雪峯 來診

初八日 終于寢
訃聞 上命贈通政大夫司諫院大司諫
賜賻物 遣禮官 致祭
四月 葬于山天齋後山壬坐之原
立墓碣

建書院于德川之上 行釋菜禮
晦山書院成

新山書院成

賜額德川龍巖新山書院

贈大匡輔國崇祿大夫 議政府領議政 兼領經筵弘文館藝文館春秋館觀象監事 世子
師 諡文貞

嶺南生員河仁尙等上疏 請從祀文廟

1   토동(兎洞): 현 경상남도 합천군 삼가면 외토리이다.

2   판교공(判校公): 조식의 부친 조언형(曺彦亨: 1469~1526)을 가리킨다. 마지막 관직
     으로 정3품 당하관인 승문원 판교(承文院判校)에 제수되었다.

3   모부인(母夫人): 조식의 모친인 인천이씨(仁川李氏)를 가리킨다.

4   단천군수(端川郡守): 단천군은 함경남도 북동부에 위치한 군이며, 군수는 종4품직
     이다.

5   선대부가 … 왔다: 『남명선생편년』에는 성운(成運)이 지은 제문을 근거로 '부친을
     모시고 단천에서 한양의 집으로 돌아왔다는 것은 잘못인 듯하다'고 하였다. 『중종
     실록』에 의하면, 조언형은 1517년 4월 6일 사헌부 지평으로 조정에 있었고, 1520년
     6월 29일 '대사간 서지(徐祉)가 단천군수 조언형을 조정의 관직에 주의(注擬)하지
     말라'고 아뢴 기록이 있는 것으로 보아 1520년 단천군수로 재직하고 있었으며, 1523
     년 1월 26일 조언형을 사헌부 집의에 제수하였으니, 조언형은 1517년 4월 이후 단
     천군수로 부임하여 1522년 후반까지 5년 동안 단천군수로 재직한 것을 알 수 있다.
     조식은 1517년 부친을 따라 단천에 갔다가 1518년 혼자 한양으로 돌아온 것이니,
     '1518년 단천군수에서 체직되어 남쪽으로 내려올 적에 모시고 왔다'는 기사는 명백
     한 오류이다.

6   조 선생(趙先生): 조광조(趙光祖: 1482~1519)를 말함. 자는 효직(孝直), 호는 정암
     (靜庵), 본관은 한양이다. 1515년 문과에 급제하여 중종의 신임을 받아 도학 정치
     를 추진하다가 훈구 세력이 일으킨 기묘사화 때 사사되었다.

7   사마시(司馬試)에 … 합격하였다: 생원·진사시의 초시(初試)에 합격한 것을 말한다.

8   한성시(漢城試)에 … 합격하였다: 한성부에서 실시한 문과시험의 초시에 합격한 것
     을 말한다.

9   사마시를 그만두었다: 생원·진사시의 2차 시험인 회시(會試)에 응시하지 않았다는
     말이다.

10   이해 … 더하였다: 1521년 9월 심정(沈貞)이 안당(安瑭)을 탄핵하여 관작을 삭탈하

고, 10월 안당의 아들 안처겸(安處謙)과 유인숙(柳仁淑)·유운(柳雲) 등을 탄핵하여 관작을 삭탈한 사건을 가리키는 듯하다.

11 소과(小科): 사마시로 일컬어지는 생원시와 진사시를 가리킨다.

12 동당시(東堂試): 동당(東堂)에서 보던 시험을 말한다. 동당은 편전 동쪽 건물로 식년시·증광시·별시 등 문과시험의 강경시험(講經試驗)을 보던 장소인데, 후대에는 '문과 초시' 또는 '문과 회시'를 의미하는 말로 쓰였다. 여기서는 '문과 초시'를 가리킨다.

13 충순위(忠順衛): 조선 시대 오위(五衛)의 하나인 충무위(忠武衛)에 소속된 부대로, 임금의 친족과 문관 6품 이상 및 무관 4품 이상의 자제로 편성하였다.

14 『성리대전(性理大全)』: 명나라 성조(成祖) 때 호광(胡廣) 등이 황제의 칙령으로 편찬한 칠부대전(七部大全) 중 하나로 송나라·원나라 학자들의 설을 모아 유형별로 분류하여 만든 책이다.

15 허형(許衡): 1209~1281. 자는 중평(仲平), 호는 노재(魯齋)이다. 정이(程頤)와 주희(朱熹)에게 깊은 영향을 받은 원나라 때의 대표적인 주자학자이다. 국자감 좨주(國子監祭酒) 등을 지냈다.

16 이윤(伊尹): 상(商)나라 탕(湯)임금을 도와 태평 시대를 이룩한 현신이다.

17 안자(顏子): 공자의 제자 안회(顏回)를 가리킴. 극기복례하여 석 달 동안 인(仁)을 어기지 않는 경지에 오른 인물로, 세상에 나아가 벼슬하는 것보다 도를 구하는 데 지향을 둔 인물이다.

18 이윤(伊尹)의 … 하겠는가: 이 내용은 『성리대전』 권50, 「학팔-역행(學八-力行)」 끝에 보인다.

19 주자(周子): 북송 때의 학자 주돈이(周敦頤: 1017~1073)를 가리킴. 자는 무숙(茂叔), 호는 염계(濂溪)이며, 「태극도설(太極圖說)」 등을 지어 우주의 근원과 만물의 생성을 밝혀 성리학의 비조로 일컬어진다. 이정(二程)의 스승이다.

20 정자(程子): 북송 때 이학(理學)을 창도한 정호(程顥: 1032~1085)·정이(程頤: 1033~1107) 형제를 가리킴. 정호의 자는 백순(伯淳), 호는 명도(明道)이며, 정이의 자는 정숙(正叔), 호는 이천(伊川)이다.

21 장자(張子): 북송 때 학자 장재(張載: 1020~1077)를 가리킴. 자는 자후(子厚), 호는 횡거(橫渠)이다.

22 주자(朱子): 남송 때 학자 주희(朱熹: 1130~1200)를 가리킴. 자는 원회(元晦), 호는 회암(晦庵)이다.

23 평천관(平天冠): 임금이 쓰던 위가 평평한 관이다.

24 옛 … 만들었다: 이 기사는 성운의 「묘비문」, 정인홍의 「행장」, 김우옹의 「행장」에 보이는 내용인데, 모두 그 시기를 명시하지 않았다. 박인이 「연보」를 편찬하면서 조식이 25세 때 『성리대전』을 읽다가 느낀 점이 있어 '성현의 학문에 오로지 뜻을 두었다'는 기사와 연관하여 성현의 초상을 그려 병풍을 만든 것을 25세 때의 일로 추정해 이곳에 넣었으나, 이는 증명할 수 없다.

25 삼가(三嘉)의 선영(先塋): 현 경상남도 합천군 삼가면 하판리 지동마을에 있음. 옛날에는 관동(冠洞)이라고 불렀다.

26 이준민(李俊民): 1524~1590. 조식의 자형인 이공량(李公亮)의 아들로 자는 자수(子修), 호는 신암(新菴), 본관은 전의이다. 1549년 문과에 급제하여 병조판서 등을 지냈다.

27 남곤(南袞): 1471~1527. 자는 사화(士華), 호는 지정(止亭), 본관은 의령이다. 김종직에게 수학하였으며, 1494년 문과에 급제하여 홍문관 대제학 등을 지냈다. 1519년 심정 등과 기묘사화를 일으켜 사림파를 제거하고 영의정에 이르렀다.

28 6월 … 책봉되었다: 문정왕후(1501~1565)는 윤지임(尹之任)의 딸로 1517년 중종의 계비(繼妃)로 책봉되었으니, '1529년 6월에 왕비에 책봉되었다'는 이 기사는 명백한 오류이다.

29 윤임(尹任): 1487~1545. 중종의 비인 장경왕후(章敬王后)의 오빠로, 인종의 외숙이다. 인종이 죽고 명종이 즉위한 뒤 윤원형이 을사사화를 일으켜 제거하였다.

30 윤원형(尹元衡): ?~1565. 중종의 계비 문정왕후의 아우로, 명종이 즉위한 뒤 을사사화를 일으켜 윤임 일파를 제거한 뒤 권력을 장악하였다.

31 위기지학(爲己之學): 자신을 위한 실질적인 학문이라는 뜻으로, 남에게 보이거나 자랑하기 위한 위인지학(爲人之學)과 상대적으로 일컫는 말이다.

32 의춘(宜春): 현 경상남도 의령군의 옛 이름이다.

33 명경대(明鏡臺): 의령군 자굴산(闍崛山)에 있는 우뚝한 절벽으로, 그 밑에 암자가 있었다.

34 탄동(炭洞): 현 경상남도 김해시 대동면 주동리이다.

35 계명실(繼明室): 계명실은 『주역』 「이괘(離卦)-상전(象傳)」에 "밝은 것 둘이 연이어 이괘(離卦)가 되니, 대인이 이 괘의 상을 보고서 그 명덕을 계승하여 사방에 비추어 임한다."라고 한 데서 취한 것으로, '성현의 밝은 덕을 계승하여 온 세상에 두루 비추는 덕을 쌓겠다'는 뜻이다.

36 『심경(心經)』: 『심경』은 남송의 진덕수(眞德秀: 1178~1235)가 심성 수양에 관한 글을 뽑아 38장으로 편찬한 책이다. 명나라 초 정민정(程敏政)이 진덕수의 주를 '원

주(原註)'라 하고, 자신이 추가로 붙인 주를 '부주(附註)'라고 하여 『심경부주(心經附註)』를 편찬하였다. 정민정이 만든 『심경부주』는 1519년 이전 조선에 유입되어 조광조를 비롯한 사림과 학자들이 중시하기 시작하였으며, 기묘사화 이후 성수침·이언적·이황·조식 등이 중시함으로써 사화기에 널리 유행하였다.

37 이준경(李浚慶): 1499~1572. 자는 원길(原吉), 호는 동고(東皐), 본관은 광주(廣州)이다. 황효헌(黃孝獻)·이연경(李延慶)에게 배웠으며, 1531년 문과에 급제하여 영의정에 이르렀다. 조식이 한양에서 어릴 적에 사귄 벗이다.

38 떳떳한 … 빛나리라: 이는 조식이 산해정 계명실에 써 붙인 좌우명(座右銘)이다.

39 송규암(宋圭庵): 송인수(宋麟壽: 1499~1547)를 말함. 자는 미수(眉叟), 호는 규암(圭庵), 본관은 은진이다. 1521년 문과에 급제하여 대사헌 등을 지냈다. 조식이 한양에서 어릴 적에 사귄 벗이다. 송시열의 종증조부이다.

40 『대학(大學)』: 명나라 영락연간(永樂年間)에 만든 사서대전(四書大全)의 하나인 『대학장구대전(大學章句大全)』을 가리킨다. 세종 때 우리나라에 들어와 금속활자로 간행하여 널리 유통되었다. 아마 당시에 새로 간행한 책을 송인수가 조식에게 보낸 듯하다.

41 성중려(成中慮): 성우(成遇: 1495~1546)를 말함. 자는 중려(仲慮), 본관은 창녕이다. 성운의 중형으로 을사사화 때 화를 당하였다. 「제성중려소증동국사략후(題成中慮所贈東國史略後)」에는 자를 모두 '중려(中慮)'라고 썼는데, 「유두류록(遊頭流錄)」에는 '중려(仲慮)'로 썼다. '중려(中慮)'는 '중려(仲慮)'의 오자인 듯하다.

42 대곡(大谷): 성운(成運: 1497~1579)의 호. 자는 건숙(健叔), 본관은 창녕이다. 조식과 한양에서 이웃에 살면서 벗이 되어 평생 절친하게 지냈다. 중년 이후 보은으로 이거하여 은거하였으며, 조식처럼 여러 차례 관직에 제수되었지만 나아가지 않았다.

43 향시(鄕試): 경상도에서 치른 식년시(式年試) 문과 초시를 가리킨다.

44 세 … 차지하였다: 이 말은 조식이 1532년 지은 「서송규암소증대학후(書宋圭庵所贈大學後)」에 보이는 내용으로, 1532년 이전에 문과 초시에 응시하여 세 차례 1등을 차지하였다는 말이다.

45 1등: 『남명선생별집』에는 '第二'로 되어 있는데, 수고본과 『무민당집』에는 '第一'로 되어 있다. 내용상 조식이 경상우도에서 1등을 차지하고 경상도 전체에서는 2등을 하였다는 말인 듯하므로 '第一'로 보는 것이 옳을 듯하다.

46 퇴계(退溪): 이황(李滉: 1501~1570)의 호. 자는 경호(景浩), 본관은 진보(眞寶)이다. 1534년 문과에 급제하여 성균관 대사성 등을 지냈다. 을사사화 이후 관직을 사퇴하고 고향으로 돌아가려 하였으나 뜻대로 되지 않자 외직을 청하여 풍기군수 등

을 지냈다.

47 명경시(明經試): 명경과로 경학에 밝은 선비를 선발하기 위해 시행해 온 과거시험의 일종이다. 조선 초기에 명경과가 식년시 문과와 함께 시행되었으나, 문과의 급제자격을 주는 33인과는 별도로 선발하였기 때문에 대접을 받지 못했다. 성종 때 서거정(徐居正)의 건의에 따라 명경과 제도를 새로 정비하게 되었는데, 식년시 문과를 시행할 때 명경과를 함께 시행하여 초시에서는 사서오경을 강하여 약(略) 이상을 맞은 사람을 선발하고, 복시(覆試)에서는 사서오경을 강하여 7가지 경서에서 통(通) 이상을 맞고 두 가지 경서에서 약 이상을 맞은 사람을 선발하여 제술에서 선발된 사람과 합쳐서 등급을 정하며, 전시(殿試)에서는 제술(製述)로 시험을 보여 33인의 순위를 정하도록 하였다. 후에는 명경과의 초시와 복시에서 별도로 선발하던 인원을 문과의 초시와 복시의 정원 안에서 선발하도록 규정이 바뀌었다. 여기서는 명경과 복시를 가리키는 듯하다.

48 헌릉참봉(獻陵參奉): 헌릉은 조선 태종(太宗)과 원경왕후(元敬王后)의 능호이며, 참봉은 종9품직이다.

49 회재(晦齋) 이 선생(李先生): 이언적(李彦迪: 1491~1553)을 가리킴. 자는 복고(復古), 호는 회재(晦齋), 본관은 여주이다. 1514년 문과에 급제하여 좌찬성에 이르렀다. 1547년 양재역 벽서사건에 연루되어 강계로 유배되었다가 그곳에서 세상을 떠났다.

50 이림(李霖): 1501~1546. 자는 중망(仲望)이며, 본관은 함안이다. 1524년 문과에 급제하여 대사간 등을 지냈다. 을사사화 때 윤원형 일파의 모함을 받아 유배되었다가 이듬해 사사되었다. 조식이 한양에서 생활하던 젊은 시절에 사귄 벗이다.

51 이림(李霖) … 천거하였다:『중종실록』중종 33년(1538) 11월 6일의 기사에 의하면, 이림이 당시 김해부사로 있었으니, 이때 조식을 천거한 듯하다.

52 예전의 … 분: 송나라 때 학자 주희(朱熹)를 가리킨다.

53 각건(角巾): 은자가 머리에 쓰는 두건을 가리킨다.

54 안강리(安康里): 경북 경주시 안강읍 안강리로, 이언적이 살던 곳이다.

55 진씨(陳氏) … 않았는데:『이륜행실도(二倫行實圖)』「진씨군식(陳氏群食)」에 "강주(江州)에 사는 진긍(陳兢)은 화목하여 13대를 내려오는 동안 한집에 살면서 식구가 어른·아이를 합쳐 모두 7백 명이 되어도 종이나 첩을 두지 않고 아래·위가 화목하여 서로 간에 헐뜯는 말이 없었다. 늘 식사 때가 되면 큰 집에 모여 앉는데 어린아이들은 특별히 돗자리를 깔고 앉혔다. 1백 마리도 넘는 개가 있었는데 구유 하나에서 함께 먹게 하였다. 한 마리의 개라도 오지 않으면 다른 개들이 모두 먹지 않

왔다.[陳兢 居江州 自倣至兢 十三世同居 長幼七百口 不畜僕妾 上下姻睦 人無間言 每食必群坐廣堂 未成人者 別爲一席 有犬百餘 亦置一槽共食 一犬不至 群犬皆不食]라고 하였다.

56 초헌(軺軒): 2품 이상의 벼슬아치가 타던 수레.

57 갱장(羹牆): 국그릇과 담장이라는 뜻으로, 지극히 사모하는 마음을 비유하는 말로 쓰인다. 요(堯)임금이 생전에 허름한 궁실에서 거처하고 음식도 조촐하였으므로, 요임금이 죽은 뒤에 순(舜)임금이 3년 동안 사모하면서 "앉으면 담장에 요임금이 보이고, 밥상을 대하면 국그릇에 요임금이 보인다."라고 하였다.(『後漢書』, 「李固列傳」)

58 계림군(桂林君): 성종의 셋째 아들 계성군(桂城君)의 아들로, 을사사화 때 윤원형 일파가 윤임을 제거하기 위해 윤임이 계림군을 세우려 한다고 무고하여 처형되었다.

59 안명세(安名世): 1518~1548. 자는 경응(景應), 본관은 순흥이다. 1544년 문과에 급제하여 예문관 검열 등을 지냈다. 1545년 을사사화가 일어나자, 그 사실을 춘추필법에 따라 시정기(時政記)에 기록하였다. 사관으로 함께 일한 한지원(韓智源)이 그 사실을 이기·정순붕에게 밀고하여 1548년 국문을 받고 사사되었다.

60 곽순(郭珣): 1502~1545. 자는 백유(伯瑜), 호는 경재(警齋), 본관은 현풍이다. 조식이 한양에서 생활할 때 사귄 벗이다. 1528년 문과에 급제하여 사간원 사간 등을 지냈다. 을사사화 때 장살(杖殺)당하였다.

61 묘갈문: 송인수(宋麟壽)의 『규암집(圭菴集)』 권2에 「유인이씨묘갈명 병서(孺人李氏墓碣銘幷序)」라는 제목으로 실려 있다.

62 남전(藍田): 중국 섬서성의 남전현(藍田縣)으로 아름다운 옥이 생산되는 지역이다.

63 치랭부(蚩冷符): 문장이 서투르면서 글로 새기고 행세하기를 좋아하는 사람을 일컫는다. '영치부(詅蚩符)' 또는 '영치부(詅癡符)'라고도 한다.

64 대희(大姬): 주 무왕(周武王)의 큰딸이며, 진(陳)나라 시조 유우만(有虞滿)의 비(妃)이다.

65 통정대부(通政大夫): 정3품 당상관의 품계이다.

66 장복(章服): 벼슬아치들의 품계에 따른 관복을 말한다.

67 양재역(良才驛): 경기도 광주(廣州) 과천(果川)에 있던 역참이다.

68 봉성군(鳳城君): 1528~1547. 중종의 아들 이완(李岏). 이기(李芑)는 을사사화 이후 중망이 있던 봉성군을 제거하기 위해 "인종의 병이 위독할 때 윤임 등이 봉성군으로서 왕위를 이으려 하다가 형세가 불가하여 명종에게 전위하였다."고 참소하였고, 1546년 가을 김명윤(金明胤)이 밀계로 반역을 도모하였다고 고변하자, 사헌부와 사간원에서 논핵하여 울진에 유배되었다가 사사되었다.

69 전생서 주부(典牲署主簿): 전생서는 제사에 사용하는 소·양 등 희생을 기르는 일을 맡은 관청이며, 주부는 종6품직이다.

70 전조(銓曹): 문관의 인사를 담당하는 이조(吏曹)를 말한다.

71 유일(遺逸): 학덕이 높은데 등용되지 못하고 버려진 인재를 가리킨다.

72 시동(尸童): 시(尸)는 신주(神主)의 뜻으로, 옛날 동자를 깨끗이 목욕시켜 신위(神位)에 앉히고 선조의 영혼을 대신하여 제사를 지냈는데, 이를 '시동'이라 하였다. 후에는 나무로 신주를 만들어 모시게 되었다.

73 시동(尸童)처럼 … 진동한다: 이 문구는 『장자(莊子)』「재유(在宥)」에 보인다.

74 감악산(紺岳山): 경상남도 거창군 신원면과 남상면 사이에 있다.

75 임희무(林希茂): 1527~1577. 자는 언실(彦實), 호는 남계(灆溪), 본관은 나주이다. 조식의 문인으로 함양에 살았다.

76 박승원(朴承元): 생몰연도 미상. 자는 백윤(伯胤), 본관은 반남(潘南)이다.

77 이홍남(李洪男): 1515~1572. 자는 사중(士重), 호는 급고자(汲古子), 본관은 광주(廣州)이다. 이자(李滋)의 손자로 1538년 문과에 급제하여 공조 참의 등을 지냈다. 1549년 평소 사이가 좋지 않던 동생 이홍윤(李洪胤)이 조정을 비방하자, 모반을 꾀한다고 무고하여 처형당하게 하였다.

78 강유선(康惟善): 1520~1549. 자는 원숙(元叔), 호는 주천(舟川), 본관은 신천(信川)이다. 1537년 사마시에 합격하여 성균관에 들어갔는데, 성균관 좨주였던 송인수(宋麟壽)로부터 칭찬을 받았다. 인종 때 성균관 유생들과 함께 상소하여 조광조의 신원을 호소하여 관철시켰다. 인종이 별세한 뒤 고향에 내려가 소요하다가, 1549년 이홍남의 고변에 연루되어 장살되었다.

79 모산수(毛山守): 이정랑(李呈琅)이다. 왕실 종친으로, 이지함(李之菡)의 장인이다.

80 약한 … 날뛰는: 약한 돼지는 강하고 사납지 못하나 항상 날뛰려는 뜻을 품고 있듯이, 소인(小人)은 기세가 미약할지라도 항상 군자(君子)를 해치려는 마음을 품고 있다는 말이다. 『주역』「구괘(姤卦)-초육효(初六爻)」에 "약한 돼지가 날뛰려는 마음이 진실하다.[羸豕孚蹢躅]"라고 한 데서 취한 것이다.

81 군자가 … 하는: 『주역』「쾌괘(夬卦)-구삼효(九三爻)」에 "구삼효는 광대뼈에 건장하여 흉함이 있으나, 군자가 결단함을 명쾌하게 하면 홀로 행함에 비를 만나니, 비에 젖은 듯이 여겨 노여워함이 있으나 허물이 없으리라.[九三 壯于頄 有凶 君子夬夬 獨行遇雨 若濡有慍 無咎]"라고 한 데서 취한 것이다.

82 천 길 … 기상: 어지러운 세상을 떠나 멀리 피하는 기상을 말한다.

83 소실(小室)을 들였다: 수고본 「남명선생연보」와 『남명선생별집』「연보」에는 이 기사

가 없다. 이 기사는 『무민당집』 「남명선생연보」에 실려 있는 것을 첨가한 것이다. 이 아래 소주도 『무민당집』 「남명선생연보」에만 실려 있는 내용이다.

84 송린(宋璘): 1509~1573. 자는 숙옥(叔玉), 본관은 은진이다. 합천 대병(大幷)에 살았다.

85 송형(宋珩): 1504~1565. 자는 백옥(伯玉), 호는 이암(頤庵), 본관은 은진이다. 합천 대병에 살았으며, 송인수(宋麟壽)의 삼종제이다.

86 최수우(崔守愚): 최영경(崔永慶, 1529~1590)을 말함. 자는 효원(孝元), 호는 수우, 본관은 화순이다. 산천재로 조식을 찾아와 문인이 되었으며, 조식 사후 덕천서원을 창건하는 데 주도적인 역할을 하였다. 1589년 정여립(鄭汝立)이 모반을 꾀한다는 무함으로 일어난 기축옥사에 연루되어 1590년 국문을 받고 옥사하였다.

87 정한강(鄭寒岡): 정구(鄭逑, 1543~1620)를 말함. 자는 도가(道可), 호는 한강, 본관은 청주이다. 성주 출신으로 오건(吳健), 이황, 조식에게 수학하였다. 김우옹의 천거로 벼슬길에 나아가 강원도 관찰사 등을 지냈다.

88 숙부인(淑夫人): 정3품 당상관인 통정대부나 절충장군의 품계에 오른 문관·무관의 부인에게 내리는 품계이다.

89 종부시 주부(宗簿寺主簿): 종부시는 왕실의 계보인 『선원보첩(璿源譜牒)』을 편집하고 종실의 잘못을 규찰하던 관청이며, 주부는 종6품직이다.

90 오건(吳健): 1521~1574. 자는 자강(子强), 호는 덕계(德溪), 본관은 함양이다. 산청 출신으로 조식에게 수학하였다. 문과에 급제하여 사헌부 지평 등을 지냈다.

91 김삼족당(金三足堂): 김대유(金大有: 1479~1551)를 말함. 자는 천우(天佑), 호는 삼족당, 본관은 김해이다. 청도 출신으로 1519년 현량과에 급제한 뒤 칠원현감 등을 지냈다. 김일손의 조카로 조광조·조식 등과 교유하였다.

92 선생이 … 사양하였다: 『남명집』 권1에 「사삼족당유명세유지속(謝三足堂遺命歲遺之粟)」이 실려 있다.

93 선생이 … 지었다: 『남명집』 권2에 「선무랑 호조좌랑 김공 묘갈 병서(宣務郎戶曹佐郎金公墓碣幷序)」가 실려 있다.

94 성수침(成守琛): 1493~1564. 자는 중옥(仲玉), 호는 청송(聽松), 본관은 창녕이다. 조광조의 문인이며, 성혼(成渾)의 아버지이다. 기묘사화 이후 우계(牛溪)에 은거하며 두문불출하였다. 조식이 한양에 살 적에 교유한 인물로, 출처에 대해 영향을 받은 것으로 보인다.

95 청송이 … 화답하였다: 성수침의 『청송집(聽松集)』 권1에 「파산(坡山)」이라는 시가 실려 있는데, 그 아래에 신잠(申潛)·상진(尙震) 등 23인의 차운시가 붙어 있으며,

장유(張維)가 지은 「부수창첩발(附酬唱帖跋)」이 있다.

96 청송이 … 답하였다: 성수침이 지은 「파산」에 "파산의 아래는, 쉬며 목욕할 수 있네. 오래된 시내 맑고 차가워, 나의 갓끈을 씻도다. 이 물을 마시고 이곳에서 먹고 사니, 기쁨도 없고 근심도 없네. 그윽한 이 산에서, 누가 나와 함께 노닐꼬.[坡山之下 可以休沐 古澗淸泠 我纓斯濯 飮之食之 無喜無憂 奧乎兹山 孰從我遊]"라고 하였는데, 조식은 이 시에 차운하여 "대마도가 있는 바다는, 노인성이 뜨는 끝자락. 파주의 강물은, 직녀가 빨래하는 곳. 그대 멀리 떨어져 있어도, 그 도를 걱정하시네. 언제나 만나볼 수 있을까, 꿈에서나마 만나 놀았으면.[馬之島海 老人之角 坡之江水 織兒之濯 之子之遠 而道之憂 曷之覯乎 要之夢遊]"이라고 하였다.

97 완물상지(玩物喪志): 사물을 들여다보며 완미하면 도를 구하겠다는 지향을 잃게 된다는 말이다. 북송 때 이정(二程)이 이 점을 극구 강조하여 도를 구하는 데 전념해야 한다고 하였는데, 조식은 그런 영향을 지대하게 받은 것으로 보인다.

98 잡진(雜進): 문과(文科)나 무과(武科) 합격자가 아닌 사람에게 처음 벼슬을 내려 참봉(參奉) 같은 말직(末職)을 주는 것을 말한다.

99 이희안(李希顏): 1504~1559. 자는 우옹(愚翁), 호는 황강(黃江), 본관은 합천이다. 14세에 사마시에 합격하였으며, 1553년 유일로 천거되어 고령현감을 지냈다.

100 나는 … 것: 공자(孔子)가 문인 칠조개에게 벼슬을 권하니, 그가 대답하기를 "저는 벼슬하는 것을 아직 자신할 수 없습니다.[吾斯之未能信]"라고 하자, 공자가 기뻐하였다.(『論語』,「公冶長」)

101 서각(犀角)을 … 명철함: 혼미한 가운데서도 사리를 명확히 분별할 수 있는 명철함을 가리킨다. 진(晉)나라 때 온교(溫嶠)가 우저(牛渚)라는 못가에 이르렀을 때 물의 깊이를 헤아릴 수가 없었다. 당시 그 못 속에는 괴물이 많이 있다는 말이 있었다. 마침내 온교가 물소의 뿔에 불을 붙여서 비추어 보았는데, 괴물의 기이한 형상이 마치 수레를 타고 붉은 옷을 입은 것 같았다는 고사가 있다.(『晉書』,「溫嶠列傳」)

102 동이를 … 탄식: 동이를 이고 있어 하늘을 볼 수 없듯이, 세상사를 올바로 볼 수 있는 명철함이 없다는 뜻이다. 『한서(漢書)』「사마천열전」에 "저는 생각건대 동이를 이고 있는 것과 같으니, 어떻게 하늘을 바라볼 수 있겠습니까?"라고 하였다.

103 발운산(撥雲散): 눈앞의 흐릿한 것을 제거해 주는 안약(眼藥)을 가리킨다.

104 당귀(當歸): 승검초의 뿌리로 보혈(補血)에 쓰인다. 여기서는 '마땅히 돌아가야 한다'는 말로써 벼슬을 버리고 돌아가려는 뜻을 비유한 것이다.

105 자전(慈殿): '임금의 어머니'를 뜻하는 말로, 여기서는 명종의 어머니인 문정왕후(文定王后, 1501~1565)를 가리킨다. 문정왕후는 윤지임(尹之任)의 딸로 본관은 파평

이며, 1517년 중종의 계비로 책봉되었다.

106 주공(周公)·소공(召公): 주공(周公)은 주 문왕의 아들 단(旦)으로 주나라 초 주나라의 예악문물 제도를 완비한 정승이며, 소공은 문왕의 아들 석(奭)으로 성왕 때 주공과 함께 삼공(三公)이 되어 선정을 베푼 정승이다.

107 심연원(沈連源): 1491~1558. 자는 맹용(孟容), 호는 보암(保庵), 본관은 청송이다. 김안국(金安國)의 문인으로 1526년 문과에 급제하여 영의정 등을 지냈다.

108 원우연간(元祐年間)의 일: 원우(元祐)는 송 철종(宋哲宗)의 연호이며, 원우연간은 1086~1093년이다. 영종(英宗)의 비 고태후(高太后)가 신종(神宗)이 죽고 철종이 10세의 나이에 즉위하자 태황태후의 신분으로 9년간 수렴청정하였다. 이 시기가 원우연간으로 왕안석의 신법을 배척하고 사마광·문언박 등을 등용하였다. 이때 구양수(歐陽脩)가 황태후에 대해 '자성심궁일부인(慈聖深宮一婦人)'이라 말한 것을 가리킨다.

109 임금이 … 한다: 『연려실기술』에는 당시 좌의정으로 있던 상진(尙震)이 이제신(李濟臣)으로 하여금 『송사』 「영종기(英宗紀)」에 실린 구양수가 황태후에 대해 '자성심궁일부인(慈聖深宮一婦人)'이라고 한 말을 찾아내어 옛사람이 한 말을 인용한 것이라고 변론하였다는 내용이 실려 있다.

110 『석담일기(石潭日記)』: 조선 중기 이이(李珥)가 1565부터 1581년까지 주요한 시사를 일기체로 기록한 책이다.

111 하항(河沆): 1538~1590. 자는 호원(浩源), 호는 각재(覺齋), 본관은 진양이다. 진주 수곡에 살았다.

112 김홍(金泓): 생몰연도 미상. 자는 홍지(泓之), 본관은 경주이다. 1528년 문과에 급제하여 사헌부 장령, 진주목사 등을 지냈다.

113 이공량(李公亮): 1500~?. 자는 인숙(寅叔), 호는 안분당(安分堂), 본관은 전의이다. 조식의 자형이다.

114 이정(李楨): 1512~1571. 자는 강이(剛而), 호는 구암(龜巖), 본관은 사천이다. 송인수에게 배웠고, 이황의 문하에 출입하였다. 1536년 문과에 급제하여 청주목사, 경주부윤 등을 지냈다.

115 쾌재정(快哉亭): 경상남도 사천시 축동면 구호리에 있는 고려 시대 무장 이순(李珣)의 유적이다.

116 청학동(靑鶴洞): 여기서 청학동은 쌍계사 위 불일폭포 인근 지역을 가리킨다.

117 신응동(神凝洞): 옛날 신응사(神凝寺)가 있던 곳으로, 현 하동군 화개면 범왕리 화개초등학교 범왕분교가 있는 일대를 가리킨다.

118 동유록(同遊錄): 조식의 『남명집』 권2에 실린 「유두류록(遊頭流錄)」을 가리킨다.

119 동주(東洲) 성 선생(成先生): 성제원(成悌元: 1506~1559)을 가리킴. 자는 자경(子敬), 호는 동주, 본관은 창녕이다. 공주 출신으로 천거에 의해 보은현감을 지냈다.

120 종산(鍾山): 성운이 은거하던 보은군 보은읍 종곡리(鍾谷里)를 가리킨다.

121 조지서 사지(造紙署司紙): 조지서는 종이를 만드는 일을 관장하는 관청이며, 사지는 종6품 관직이다.

122 뒤에 … 지었다: 조식이 1561년 지은 이희안의 묘갈문은 『남명집』 권2에 「군자감 판관 이군 묘갈 병서(軍資監判官 李君墓碣并序)」라는 제목으로 실려 있다.

123 조환(曺桓): 생몰연도 미상. 자는 익중(翊仲), 본관은 창녕이다. 조식의 아우이다.

124 "이는 … 것이다: 『주역』 「대축괘」의 괘사(卦辭)에 "의지를 강건하고 독실하고 빛나게 해서 날마다 그 덕을 새롭게 한다.[剛健篤實輝光 日新其德]"라고 하였다.

125 신계성(申季誠): 1499~1562. 자는 자함(子誠), 호는 송계, 본관은 평산이다. 박영(朴英)에게 배웠으며, 조식과 교유하였다.

126 뒤에 … 지었다: 조식이 1564년에 지은 신계성의 묘표는 『남명집』 권2에 「처사 신군 묘표(處士申君墓表)」라는 제목으로 실려 있다.

127 김우옹(金宇顒): 1540~1603. 자는 숙부(肅夫), 호는 동강, 본관은 의성이다. 경북 성주에 살았으며, 조식의 문인이자 외손서이다.

128 이연평(李延平): 주희의 스승 이동(李侗: 1093~1163)으로, 자는 원중(愿中), 호는 연평이다. 이정(二程)-양시(楊時)-나종언(羅從彦)으로 이어진 학통을 계승하였다.

129 동경부윤(東京府尹): 동경은 경주(慶州)를 가리키는 말로, 경주부윤을 말한다.

130 정복시(鄭復始): 1522~1595. 자는 이건(以健), 호는 계담(桂潭)·계헌(桂軒), 본관은 동래(東萊)이다. 서경덕의 문인으로 호조참의, 돈녕부 도정(敦寧府都正) 등을 역임했으며, 시문에 뛰어났다.

131 윤광전(尹光前): 어떤 인물인지 자세하지 않다. 오건(吳健)의 『덕계집』에 그의 시에 차운한 시가 3수 보인다. 상사(上舍)라고 하였으니, 사마시에 합격하여 성균관에 유학한 인물임을 알 수 있다. 권문현(權文顯: 1524~1575)의 『죽정실기(竹亭實記)』에 '윤광전의 딸과 재혼하였다'라는 기록이 보이니, 조식과 비슷한 연배의 경상우도에 살던 인물인 듯하다.

132 싸우다가 이기면: 무슨 의미인지 분명치 않다. 벼슬길에 나가느냐 은거하느냐 하는 자신의 갈등을 비유한 말로, '출사와 퇴처를 두고 갈등하다가 퇴처를 택하게 되면'이라는 의미로 쓴 듯하다.

133 남계서원(灠溪書院): 조식의 문인 강익(姜翼) 등이 1552년 정여창(鄭汝昌)을 제향

하기 위해 함양에 창건한 서원으로 1566년 사액되었다.

134 강익(姜翼): 1523~1567. 자는 중보(仲輔), 호는 개암(介庵), 본관은 진양이다. 함양 출신으로 정희보(鄭希輔)·조식에게 수학하였다.

135 임훈(林薰): 1500~1584. 자는 중성(仲成), 호는 갈천(葛川), 본관은 은진이다. 안의 현에 살았으며, 조식과 교유하였다.

136 여소(廬所): 삼년상을 치르며 시묘살이하는 여막(廬幕)을 말함.

137 안음(安陰): 경상도 안의현(安義縣)의 옛 이름이다. 지금은 함양군 안의면으로 개 편되었다.

138 하응도(河應圖): 1540~1610. 자는 원룡(元龍), 호는 영무성(寧無成), 본관은 진양 이다. 진주 덕산에 살았으며, 조식의 문인이다.

139 유종지(柳宗智): 1546~1589. 자는 명중(明仲), 호는 조계(潮溪), 본관은 문화이다. 조식의 문인으로 기축옥사 때 정여립의 모반사건에 연루되어 최영경 등과 함께 옥 사하였다.

140 진극경(陳克敬): 1546~1617. 자는 경직(景直), 호는 백곡(栢谷), 본관은 여양(驪陽) 이다. 진주 백곡에 살았다. 조식에게 수학하였다.

141 정여창(鄭汝昌): 1450~1504. 자는 백욱(伯勗), 호는 일두(一蠹), 본관은 하동이다. 함양 출신으로 김종직(金宗直)의 문하에서 수학하였다. 1490년 문과에 급제하여 예문관 검열과 안의현감 등을 지냈다. 1498년 무오사화에 연루되어 유배되었다가 별세하였고, 1504년 갑자사화에 부관참시를 당하였다. 뒤에 복관되었고, 광해군 대 에 문묘에 배향되었다.

142 갈천 형제: 임훈(林薰)과 그의 아우 임운(林芸)를 가리킨다.

143 진사공(進士公): 임득번(林得蕃)을 말함. 1507년 진사시에 합격하였다.

144 죽은 … 의리:『예기』「상복사제(喪服四制)」에 "상중(喪中)에 몸이 수척해질 정도로 애통해하더라도 자신의 목숨을 잃지 않아야 하니, 어버이의 죽음 때문에 자신의 생 명까지 해쳐서는 안 된다.[毀不滅性 不以死傷生也]"라고 하였다.

145 덕산사(德山寺): 경상남도 산청군 삼장면 평촌리에 있던 절이다.

146 『덕계일기(德溪日記)』: 오건(吳健)이 쓴 『역년일기(歷年日記)』를 가리킨다.

147 거친 … 하듯: 주희(朱熹)가 진량(陳亮)에게 준 편지에 "공자가 어찌 지극히 공정하 고 지극히 정성스럽지 않았으며, 맹자가 어찌 거친 주먹을 휘두르고 크게 발길질하 지 않았겠는가.[孔子 豈不是至公至誠 孟子 豈不是麤拳大踢]"라고 한 데서 나온 말 이다.(『晦庵集』권28,「答陳同夫書」)

148 수우당(守愚堂) … 청하였다: 최영경의 『수우당실기(守愚堂實紀)』「유사실록(遺事

實錄)」에는 최영경이 1567년에 처음 조식을 찾아와 폐백을 바친 것으로 기록하고 있어 2년의 차이가 있다.

149 국상(國喪): 문정왕후의 상을 가리키는 듯하다. 문정왕후는 1565년 4월에 별세하였다.

150 지주(砥柱): 중국 하남성 삼문협시(三門峽市) 황하 중류의 격류 속에 기둥처럼 우뚝 솟은 산이 끄떡 않고 서있는 것을 가리킨다.

151 도천(桃川): 덕천서원 앞으로 흐르는 시천(矢川) 가에 복숭아나무가 늘어서 있어서 봄이 되면 꽃잎이 시내에 떠내려와 그렇게 불렀다.

152 양사(兩司): 사헌부(司憲府)와 사간원(司諫院)을 가리킨다.

153 노수신(盧守愼): 1515~1590. 자는 과회(寡悔), 호는 소재(蘇齋), 본관은 광주(光州)이다. 을사사화 때 이조좌랑에서 파직되어 순천에 유배되었고, 양재역 벽서 사건으로 죄가 더해져 진도로 옮겨 19년간 유배 생활을 하였다. 이준경에 의해 다시 기용되어 영의정에까지 올랐다.

154 김난상(金鸞祥): 1507~1570. 자는 계응(季應), 호는 병산(缾山), 본관은 청도이다. 1547년 양재역 벽서 사건 때 윤원형에 의해 유배되었다가 풀려나 선조 초에 대사간 등을 지냈다.

155 이담(李湛): 1510~1574. 자는 중구(仲久), 호는 정존재(靜存齋), 본관은 용인(龍仁)이다. 을사사화 때 공조정랑에서 삭직되었고, 1547년 양재역 벽서 사건에 연루되어 양산(梁山)으로 유배되었다. 1561년 복관되어 『명종실록』 편수에 참여하였다.

156 백인걸(白仁傑): 1497~1579. 자는 사위(士偉), 호는 휴암(休菴), 본관은 수원이다. 조광조의 문인이며, 김안국에게도 배웠다. 기묘사화 이후 훈구 세력의 발호에 맞서 사림파를 유지하는 데 중요한 역할을 하였다. 특히 1545년 을사사화 때 일신을 돌보지 않고 윤원형의 음모에 저항하다 파직되었고, 1547년 양재역 벽서 사건에 연루되어 유배되었다. 선조 때 기용되어 대사간 등을 지냈으며 청백리에 뽑혔다.

157 유희춘(柳希春): 1513~1577. 자는 인중(仁仲), 호는 미암(眉巖), 본관은 선산이다. 전라도 해남 출신으로 김인후·최산두(崔山斗)에게 배웠다. 을사사화 때 윤원형 일파에 협조하지 않았으며, 양재역 벽서 사건에 연루되어 제주도로 유배되었다가 곧 함경도 종성으로 이배되어 19년간 유배 생활을 하였다. 선조가 즉위한 뒤 삼정승의 상소로 풀려나 대사성 등을 지냈다.

158 길이 … 않았으니: '영정(永貞)'은 『주역』「간괘(艮卦)-초육효(初六爻)」의 "그 발꿈치에 그치면 허물이 없으니, 길이 바르게 함이 이로우니라.[艮其趾 无咎 利永貞]"라고 한 데서 취한 것으로, 사화의 기미를 알아차리고 초기부터 지조를 지켜 벼슬길에

나아가지 않았다는 말이다.

159 지곡사(智谷寺): 현 경상남도 산청군 산청읍 내리에 있었던 절이다. 지금은 터만 남아 있다.

160 노관(盧祼): 1522~1574. 자는 자장(子將), 호는 사암(徙庵), 본관은 풍천이다. 함양에 살았으며, 조식을 종유하였다.

161 정복현(鄭復顯): 1521~1591. 자는 수초(遂初), 호는 매촌(梅村), 본관은 서산이다. 함양에 살았으며, 조식의 문인이다.

162 정유명(鄭惟明): 1539~1596. 자는 극윤(克允), 호는 역양(嶧陽), 본관은 팔계이다. 안의에 살았으며, 조식의 문인이다.

163 차탄(車灘): 현 경상남도 산청군 산청읍 차탄리이다.

164 단속사(斷俗寺): 현 경상남도 산청군 단성면 운리에 있었던 절이다. 지금은 터만 남아 있다.

165 조종도(趙宗道): 1537~1597. 자는 백유(伯由), 호는 대소헌, 본관은 함안이다. 단성 소남에 살았으며, 조식의 문인이다. 임진왜란 때 의병을 일으켰으며, 정유재란 때 황석산성 전투에서 전사하였다.

166 봄바람이 … 자리: 스승이 거처하는 곳을 말한다. 북송 때의 인물 주광정(朱光庭)이 여주(汝州)에서 정호(程顥)를 뵙고 돌아와 사람들에게 "나는 한 달 동안 봄바람 속에 앉아 있었다.[光庭在春風中坐了一箇月]"라고 하였다.(『二程全書』, 『外書』, 「傳聞雜記」)

167 옥산동(玉山洞): 안의 삼동의 하나인 화림동(花林洞)을 가리킨다.

168 이정(李瀞): 1541~1613. 자는 여함(汝涵), 호는 모촌(茅村), 본관은 재령이다. 함안에 살았으며, 조식의 문인이다.

169 「이소(離騷)」: 전국 시대 초나라 굴원(屈原)이 지은 장편 서정시이다.

170 존덕성(尊德性)·도문학(道問學): 『중용』에 보이는 말로 존덕성은 덕성을 드높이는 심성 수양을 의미하고, 도문학은 '묻고 배우는 것을 말미암는다'는 뜻으로 진리를 탐구하는 것을 말한다.

171 안의 삼동(安義三洞): 안의현의 화림동(花林洞)·심진동(尋眞洞)·원학동(猿鶴洞)을 가리킨다. 조선 시대 안의 삼동은 영남과 호남에서 산수가 가장 아름다운 곳으로 알려졌었다.

172 장수동(長水洞): 장수사(長水寺)가 있던 심진동을 가리킨다.

173 이를 잡으면서: 진(晉)나라 왕맹(王猛)이 남의 앞에서 거리낌 없이 옷에 붙은 이를 잡으면서 이야기하였다는 고사에서 나온 말로, 예법에 구애되지 않는 자유로운 분

위기를 가리킨다.

174 박인이 지은 「남명선생연보」와 『남명선생편년』에는 이 2수를 1566년 임훈 등과 안의 삼동을 유람하면서 지은 것으로 보았는데, 이 시에 대한 임훈 등의 차운시는 찾아볼 수 없다. 『남명집』에는 안의 옥산동을 유람하고 지은 시가 3수 있는데, 제목이 모두 「유안음옥산동(遊安陰玉山洞)」이고, 1수는 오언절구, 2수는 칠언절구이다. 그 가운데 오언절구 1수는 임훈의 『갈천집』에 실린 「화림동월연암차남명운(花林洞月淵岩次南冥韻)」과 운자가 같으니, 1566년 봄 임훈 등과 함께 유람하면서 지은 것이 분명하다. 그런데 칠언절구 2수는 1551년에 지은 것인지, 1566년에 지은 것인지 분간하기 어렵다. 시적 정서로 보면, 1551년에 지은 듯하다.

175 이 시는 임훈의 『갈천집(葛川集)』 권1에 「화림동월연암 차남명운(花林洞月淵岩 次南冥韻)」이라는 제목으로 실려 있다. 이를 보면 조식의 시에 임훈이 차운한 것을 알 수 있다. 조식의 시는 『남명집』 권1에 실린 오언절구 「유안음옥산동(遊安陰玉山洞)」으로, 운자가 서로 같다.

176 참된 … 깨달았네: 이 시구는 주희(朱熹)의 『회암집(晦庵集)』 권2 「우제삼수(偶題三首)」의 제3수에 보이는 '시오진원행미도(始悟眞源行未到)'를 가리킨다. 진원(眞源)은 현실 세계에 있는 것이 아니라, 마음속에 있는 하늘이 부여한 본성이라는 의미이다.

177 상서원 판관(尙瑞院判官): 임금의 옥새·부절 등을 관장하는 상서원의 종5품 관직이다.

178 강사상(姜士尙): 1519~1581. 자는 상지(尙之), 호는 월포(月浦), 본관은 진주이다. 1546년 문과에 급제하여 경상도 관찰사 등을 지냈다.

179 죽산(竹山): 경기도 안성의 옛 지명이다.

180 제갈공명(諸葛孔明)은 … 것이다: 『주자어류(朱子語類)』 권136 「역대 3(歷代三)」에 보인다.

181 유장(劉璋): 삼국 시대 때 익주자사(益州刺史)를 지낸 인물로, 성격이 나약하여 처음에는 조조(曹操)에게 의지하였다. 제갈량이 서기 201년[건안(建安) 6] 유장의 청으로 장로(張魯)를 방어하러 익주에 갔을 때, 유비(劉備)로 하여금 유장을 내쫓고 익주를 차지하도록 하였다.

182 유장(劉璋)을 … 듯하다: 『주자어류』 권136 「역대 3(歷代三)」에 보인다.

183 이방자(李方子): 자는 공회(公晦), 호는 과재(果齋)이며, 광택(光澤) 사람으로 주희에게 배웠다. 1214년 진사가 되었으며, 진주통판(辰州通判) 등을 지냈다. 진덕수(眞德秀)와 교유하였다.

184 정탁(鄭琢): 1526~1605. 자는 자정(子精), 호는 약포(藥圃), 본관은 청주이다. 이황의 문인으로 조식에게도 배웠다. 문과에 급제하여 좌의정에 이르렀다.

185 이준민(李俊民): 1524~1590. 자는 성빈(聖彬), 호는 회산(晦山), 본관은 전의(全義)이다. 조식의 생질로 1549년 문과에 급제하여 병조판서 등을 지냈다.

186 정릉(靖陵): 현 서울시 강남구 삼성동에 선릉(宣陵)과 나란히 있는 중종(中宗)의 능이다. 선릉은 성종(成宗)과 계비 정현왕후(貞顯王后) 윤씨(尹氏)의 능이다.

187 나는 … 것이다: 이 내용은 이황이 김우굉(金宇宏)에게 보낸 편지에 보인다.(『退溪集』 권15, 「答金敬夫」)

188 이원(李源): 1501~1568. 자는 군호(君浩), 호는 청향당(淸香堂), 본관은 합천이다. 단성에 거주하였으며, 조식·이황과 교유하였다.

189 포의(布衣): 벼슬하지 않은 일반 사인(士人)이 입는 옷이다.

190 경성(景星): 태평한 시대에 나타난다는 별이다.

191 흰 … 매어두기가: 떠나가는 현자를 만류한다는 뜻이다. 『시경』 「소아(小雅)-백구(白駒)」에 "깨끗하고 깨끗한 흰 망아지, 우리 마당의 싹을 먹는다고 하여, 발을 동여매고 고삐를 매어, 오늘 아침을 더 오래 있게 하여, 이른바 그분이 여기에서 소요하게 하리라.[皎皎白駒 食我場苗 縶之維之 以永今朝 所謂伊人 於焉逍遙]"라고 한 데서 나왔다.

192 천승(千乘)의 지위: 제후를 가리킨다. 천승(千乘)은 전차 1천 대를 말하며, 유사시 천승을 출동할 수 있는 군사력을 가진 나라를 의미한다.

193 장악(莊嶽)에 … 말고: 많은 어진 신하가 왕의 측근에서 옳은 길로 선도해야 한다는 말이다. 장악(莊嶽)은 제(齊)나라의 땅이고, 설거주(薛居州)는 전국 시대 송(宋)나라 사람으로 왕을 잘 교화시켰다. 『맹자(孟子)』 「등문공하(滕文公下)」에 나오는 말로 제나라 말을 배울 때 한 사람의 제나라 사람에게 배우는 것보다 제나라에 가서 지내면 저절로 배워지듯이, 한 사람의 설거주가 왕을 보좌하는 것보다 왕의 주변 사람이 모두 설거주와 같은 사람이 되어야 한다고 하였다.

194 과부가 … 슬퍼하였으며: 『춘추좌씨전』 소공(昭公) 24년 조에 "과부가 씨줄이 모자라는 것은 걱정하지 않고, 주나라 왕실이 쇠락하는 것을 걱정하는 것은 화가 장차 자기에게 미칠 것을 두려워해서이다.[嫠不恤其緯 而憂宗周之隕 爲將及焉]"라고 하였다.

195 여인이 … 근심하였다: 노(魯)나라 칠실읍(漆室邑)의 노처녀가 시집갈 것을 근심하지 않고 노나라의 임금이 늙고 태자가 어린 것을 근심하자, 곁에 있던 사람이 비웃으며 "그것은 경대부가 근심할 일이다."라고 하였다. 그러자 노처녀가 "그렇지 않다. 예

전에 손님 말의 고삐가 풀려 내 아욱밭을 밟아서 내가 한 해 동안 아욱을 먹지 못하였다. 노나라에 환란이 있으면 군신과 부자가 다 욕을 당하고 화가 백성에게 미칠 것인데 부녀자가 홀로 피할 곳이 어디 있겠는가?"라고 하였다.(『古列女傳-仁智傳』, 「魯漆室女」)

196 새벽 문지기: 미관말직에 자신을 숨기고 사는 사람을 가리킨다. 『논어』 「헌문(憲問)」에 "자로가 석문(石門) 땅에서 자고 아침에 성문에 이르니, 새벽에 성문을 열어주는 사람이 '어디에서 왔습니까?'라고 물었다. 자로가 '공자 문하에서 왔습니다'라고 하니, 그가 '그분은 세상을 구할 수 없는 줄 알면서도 그런 일을 하는 사람 아닙니까'라고 하였다.[子路宿於石門 晨門曰 奚自 子路曰 自孔氏 曰 是知其不可而爲之者與]"라고 하였다.

197 삼태기를 진 자: 자신의 재능을 숨기고 사는 은자를 가리킨다. 『논어』 「헌문」에 "공자가 위(衛)나라에서 경쇠를 치고 있었는데, 삼태기를 지고서 공자가 머무는 숙소의 문앞을 지나가는 어떤 사람이 '마음이 있구나! 경쇠를 치는 소리여'라고 하였고, 조금 뒤 '비루하구나! 경쇠 소리가 너무 굳세도다. 나를 알아주지 않으면 이에 그만둘 따름이니, 「물이 깊으면 옷을 벗어 머리에 이고 건너며, 물이 얕으면 옷을 걷고 물을 건너네」라고 노래했도다'라고 하였다. 공자가 그 말을 듣고서 '과감하도다! 그런 마음이라면 세상살이에 어려움이 없겠구나'라고 하였다.[子擊磬於衛 有荷蕢而過孔氏之門者曰 有心哉 擊磬乎 旣而曰 鄙哉 硜硜乎 莫己知也 斯已而已矣 深則厲 淺則揭 子曰 果哉 末之難矣]"라고 하였다.

198 포륜(蒲輪): 덜커덕거리지 않게 바퀴를 부들로 감싼 수레이다. 한 무제(漢武帝)가 현자를 초빙할 때 포륜을 보냈는데, 후대에는 현자를 초빙하는 도구를 뜻하는 말로 쓰였다.

199 헛된 … 일삼으며: 말만 독실하게 잘하고 행실이 말을 따르지 못하는 사람을 가리킨다. 『논어』 「선진(先進)」에 공자가 "언론만 독실한 자를 인정한다면 군자다운 자이겠는가, 얼굴만 근엄한 자이겠는가?[論篤是與 君子者乎 色莊者乎]"라고 하였다.

200 봉사(封事): 내용이 누설될까 두려워 주머니에 넣고 밀봉해서 바치는 글을 말한다. 고대 관료들이 임금에게 기밀의 사안을 건의할 때 누설을 방지하기 위해 검정 주머니에 담아 밀봉하여 올렸기 때문에 '봉사'라고 한 것이다.

201 섭공(葉公) … 일: 사이비(似而非)를 경계한 말이다. 섭공 자고(葉公子高)가 용을 너무 좋아해서 집안 여기저기에 용을 그리거나 새겨두었는데, 진짜 용이 그 소문을 듣고 내려와서 창문에 머리를 내밀고 대청에 꼬리를 서렸는데, 섭공이 이를 보고 놀라 혼비백산하여 달아났다고 한다. 이는 섭공이 진정으로 용을 좋아한 것이 아니라,

용의 형상만을 좋아한 것이라는 의미이다.(『新書』,「雜事」)

202 옥사: 조식의 질서(姪壻) 하종악(河宗岳)이 죽은 뒤 그의 후처 정씨(鄭氏)에게 추문이 있었다. 하종악의 서출 여동생을 첩으로 들인 이정(李楨)이 그 추문을 덮기 위해 조식의 친구 이희안(李希顔)의 젊은 후처에게 추문이 있다며 경상감사 박계현(朴啟賢)에게 조사할 것을 종용하였다. 감사가 김해부사 양희(梁喜)에게 조사를 맡기자, 양희는 사위 정인홍(鄭仁弘)에게 알아보게 하였다. 정인홍이 조식에게 문의하자, 조식은 하종악 집안의 일을 덮기 위해 이정이 이희안을 끌어들인 것으로 판단하여 하종악 후처의 일을 자세하게 말해주었다. 이에 조식의 제자들이 하종악 후처의 집을 헐어버렸는데, 그 일이 조정에 보고되어 옥사가 일어났다.

203 이로(李魯): 1544~1598. 자는 여유(汝唯), 호는 송암(松巖), 본관은 고성이다. 의령에 살았으며 조식에게 수학하였다.

204 『용사록(龍蛇錄)』: 이로(李魯)가 김성일의 휘하에서 의병을 모집하면서 체험한 일을 1592년 4월부터 15개월 동안 날짜별로 기록한 글로, 1763년 후손이 『용사일기(龍蛇日記)』라는 책명으로 간행하였다.

205 호인(湖人): 호서(湖西)는 충청도이고, 호남(湖南)은 전라도인데, 어느 지역 사람을 가리키는지는 불분명하다.

206 오장(吳長): 1565~1617. 자는 익승(翼承), 호는 사호(思湖), 본관은 함양이다. 오건의 아들이며, 이호변(李虎變)의 사위이다. 1610년 문과에 급제하여 사간원 정언 등을 지냈다. 정온(鄭蘊)을 구원하다가 대북 정권의 미움을 받아 토산(兎山)으로 유배되어 그곳에서 별세하였다.

207 종친부 전첨(宗親府典籤): 종친부의 정5품 관직이다.

208 병인년 이후: 문정왕후가 죽고 윤원형이 쫓겨났다가 죽은 뒤 조정이 새롭게 변한 시기를 말한다.

209 치사(致仕): '벼슬을 임금에게 되돌려주다'라는 뜻으로 벼슬을 그만두고 물러나는 것을 의미한다. 옛날에는 40세에 벼슬길에 나아가 70세에 벼슬에서 물러나는 것을 원칙으로 하였다.

210 혜선(惠鮮)의 은혜: 의지할 데 없는 사람에게 은혜를 베풀어 구휼하는 것을 말한다. 『서경(書經)』「주서(周書)-무일(無逸)」에 문왕의 덕을 칭송하며 "혼자 사는 노인과 과부에게 은혜를 입혀 생기가 나게 하셨다.[惠鮮鰥寡]"라고 한 데서 나왔다.

211 근폭(芹曝): 미나리와 햇빛을 뜻하는데 남에게 물건을 보내거나 의견을 올릴 때 쓰는 겸사이다. 옛날 송나라에 어떤 농부가 있었는데 얇은 옷으로 추운 겨울을 지낸 다음 봄이 되어 따뜻한 햇볕을 등에 쬐자 천하의 넓고 따뜻한 집과 따뜻한 옷도 생

각나지 않았다. 아내에게 "세상 사람들은 햇볕을 등에 쬘 줄 모르니 이것을 임금께
바치면 큰 상이 내릴 것이다."라고 하였다. 마을의 부호가 이 말을 듣고 그에게 말하
기를 "옛날 어떤 사람이 융숙(戎菽), 감시(甘枲), 경근(莖芹), 평자(萍子)를 맛있다
고 여겨 고을의 부자에게 권했는데, 부자가 그것을 맛보고는 입이 쓰고 배가 아팠
다. 사람들이 그를 꾸짖었고 그는 몹시 부끄러워했는데, 그대가 바로 그와 같은 사
람이다."라고 하였다.(『列子』, 「楊朱」)

212 김굉필(金宏弼): 1454~1504. 자는 대유(大猷), 호는 한훤당(寒暄堂), 본관은 서흥
(瑞興)이다. 김종직에게 수학하였으며, '소학동자'로 일컬어졌다. 유일로 천거되어 형
조좌랑 등을 지냈다. 무오사화 때 김종직의 문도로 붕당을 만들었다는 죄목으로 유
배되었고, 갑자사화 때 무오당인으로 지목되어 극형에 처해졌다.

213 오운(吳澐): 1540~1617. 자는 태원(太源), 호는 죽유(竹牖), 본관은 고창이다. 함안
출신으로 조식에게 배웠다. 1566년 문과에 급제하여 경주 부윤 등을 지냈다.

214 선생께서 … 없으셨습니다: 이 내용은 정구(鄭逑)가 지은 「제남명선생문(祭南冥先
生文)」에 보인다.

215 「행록(行錄)」: 김우옹(金宇顒)이 지은 「남명선생언행록(南冥先生言行錄)」을 가리
킨다.

216 이광우(李光友): 1529~1619. 자는 화보(和甫), 호는 죽각(竹閣), 본관은 합천이다.
이원(李源)의 조카로 단성에 살았으며 조식에게 배웠다.

217 손천우(孫天佑): 1533~1594. 자는 군필(君弼), 호는 무송(撫松), 본관은 밀양이다.
진주 수곡에 살았으며, 조식에게 배웠다.

218 남사고(南師古): 1509~1571. 호는 격암(格庵), 본관은 영양이다. 풍수지리에 밝고
미래의 일을 예언한 학자로 알려져 있다. 『남사고비결』을 지었다.

219 소미성(少微星): 태미성(太微星) 서쪽에 있는 4개의 별로 처사(處士)를 상징하는
별이다.

220 이지함(李之菡): 1517~1578. 자는 형백(馨伯), 호는 토정(土亭), 본관은 한산이다.
서경덕에게 배웠으며, 음양과 술서(術書)에 능통하였다. 천거로 청하현감을 지냈다.

221 김찬(金瓚): 1543~1599. 자는 숙진(叔珍). 호는 효헌(孝獻), 본관은 안동이다.
1568년 문과에 급제하여 사헌부 지평, 이조 판서 등을 지냈다.

222 백이(伯夷)를 … 하며: 가치가 전도된 것을 말한다. 백이는 주 무왕에게 무력으로 정
벌하는 것을 간언하다가 받아들여지지 않자 수양산에 들어가 고사리를 캐 먹다 죽
은 인물로 청렴함을 대표하고, 도척(盜跖)은 춘추 시대 노나라 대부로 약탈과 살인
을 밥 먹듯이 저지른 악인을 대표한다.

223 세 … 정기: 해와 달과 별, 이 세 가지의 정기를 가리킨다.

224 흰 망아지: 『시경』「소아(小雅)-백구(白駒)」에 보이는 말로, 현자를 뜻한다.

225 허유(許由)와 무광(務光): 허유(許由)는 요임금이 천하를 양도하자 받지 않고 기산 (箕山)으로 가서 숨었고, 무광(務光)은 탕임금이 천하를 양도하자 받지 않고 여수 (廬水)에 투신하여 자결하였다.

226 노중련(魯仲連)은 … 거부하였고: 전국시대 진(秦)나라가 조(趙)나라를 포위했을 때 위(魏)나라의 신원연(新垣衍)이 진나라를 황제로 떠받들자고 하자, 노중련이 말하기를 "저 진나라는 예의(禮義)를 버리고 수공(首功)을 숭상하는 나라이다. 만일 진나라를 황제로 떠받든다면 나는 동해에 빠져 죽어 명월이 되겠다."라고 하니, 그 논의가 중지되었다.(『史記』,「魯仲連鄒陽列傳」)

227 엄광(嚴光)은 … 부지하였네: 엄광은 후한(後漢) 광무제(光武帝)와 함께 공부한 인물로 광무제가 즉위하자 이름을 바꾸고 부춘산(富春山)에 은거하였다. 광무제가 벼슬을 내리며 자신을 도와달라고 여러 차례 청했지만 끝내 거절하였다. 사람들이 그의 맑은 절개가 한나라의 기강을 바로잡은 것을 칭송하여 "동강의 한 오라기 낚싯줄이 한나라의 구정을 부지하였네.[桐江一絲 扶漢九鼎]"라고 하였다.

228 하징(河憕): 1563~1624. 자는 자평(子平), 호는 창주(滄洲), 본관은 진양이다. 진주 단목에 살았으며, 임란 후 덕천서원 중건에 앞장섰다.

229 하진보(河晉寶): 1530~1585. 자는 선재(善哉), 호는 영모정(永慕亭), 본관은 진양이다. 진주 단목 출신으로 조식의 문인이며, 1555년 문과에 급제하여 성주목사, 김해부사 등을 지냈다.

230 황세열(黃世烈): 생몰연도 미상. 1608년(선조 41) 안희(安憙), 허경윤(許景胤)과 더불어 산해정 옛터에 신산서원을 중건하였다.

231 허경윤(許景胤): 1573~1646. 자는 사술(士述), 호는 죽암(竹庵), 본관은 김해이다. 김해 출신이다.

232 향천(香川): 현 합천군 봉산면 봉계리 향강을 가리킨다.

233 송희창(宋希昌): 1539~1620. 자는 덕순(德順), 호는 송헌(松軒), 본관은 은진이다. 합천 대병에 살았으며 조식의 문인이다.

234 문경호(文景虎): 1556~1619. 자는 군변(君變), 호는 역양(嶧陽), 본관은 남평이다. 합천 야로에 살았으며, 정인홍에게 수학하였다.

235 조응인(曺應仁): 1556~1624. 자는 선백(善伯), 호는 도촌(陶村), 본관은 창녕이다. 합천에 살았으며 정인홍과 정구에게 수학하였다.

236 하인상(河仁尙): 1571~1635. 자는 임보(任甫), 호는 모송재(慕松齋), 본관은 진양

이다. 하항(河恒)의 아들로 진주 단목에 살았다. 조식의 문묘종사를 청원하는 상소를 올렸다.

237 영남(嶺南) … 못하였다:『광해군일기(光海君日記)』에는 광해군 7년 을묘(1615) 3월 23일(기사) 두 번째 기사로 실려 있다.

238 소: 이 상소와 유사한 내용이 정구의 문인 이서(李㲦)의 『동호집(東湖集)』권1에도 「청종사남명조선생소(請從祀南冥曺先生疏)」라는 제목으로 실려 있다.

239 순우(淳祐): 남송(南宋)의 제5대 황제인 이종(理宗)의 다섯 번째 연호로, 1241년부터 1252년까지 사용되었다.

240 양시(楊時): 1053~1135. 자는 중립(中立), 호는 구산(龜山)이다. 이정(二程)의 이학(理學)을 계승하여 나종언(羅從彦)에게 전해주었다.

241 이동(李侗): 1093~1163. 자는 원중(愿中), 호는 연평(延平)이며, 남검주(南劍州) 남평(南平) 사람이다. 나종언에게 정자의 이학(理學)을 배워 주희(朱熹)에게 전해주었다.

242 정몽주(鄭夢周): 1337~1392. 자는 달가(達可), 호는 포은(圃隱), 본관은 연일이다. 경상도 영천 출신으로 1360년 문과에 급제하여 문하찬성사(門下贊成事) 등을 역임하였다.

243 염락(濂洛): 염락관민(濂洛關閩)의 준말이다. 송대(宋代) 성리학의 주요 인물인 염계(濂溪) 주돈이(周敦頤), 낙양(洛陽)의 정호(程顥)·정이(程頤), 관중(關中)의 장재(張載), 민중(閩中)의 주희(朱熹)를 가리킨다.

244 송 이종(宋理宗)은 … 있고: 송 이종 원년인 1241년 주돈이·장재·정호·정이·주희를 문묘에 배향한 것을 말한다.

245 이서(李㲦): 1566~1651. 자는 이직(以直), 호는 동호(東湖), 본관은 광주(光州)이다. 정구의 문인으로 성주에 살았다.

246 양사(兩司): 사헌부와 사간원을 가리킨다.

247 화항직방(和恒直方): 조식이 지은 「신명사명(神明舍銘)」에 "사자부를 발하고, 백물기를 세운다.[發四字符 建百勿旂]"라고 하였는데, '발사자부'의 주에 "사자부는 화(和)·항(恒)·직(直)·방(方)이다."라고 하였고, 이어 "예(禮)의 쓰임은 화(和)가 귀하니, 화(和)는 절도에 맞게 하는 것이다. 언행을 항상 신의 있게 하고 삼가는 것이 항(恒)이니, 항(恒)은 오래 변치 않는 것이다. 남들은 모르고 혼자만 아는 바를 삼가는 것이 직(直)이고, 내 마음의 법도로 남을 헤아리는 것이 방(方)이다."라고 하였다.

248 김우굉(金宇宏): 1524~1590. 자는 경부(敬夫), 호는 개암(開巖), 본관은 의성이다. 경북 성주에 살았으며, 김우옹(金宇顒)의 형이다.

249 직내(直內)·방외(方外): 『주역』「곤괘(坤卦)-문언(文言)」에 "공경함을 주로 하여 내면을 정직하게 하고, 의로움을 지켜 외면을 방정하게 한다.[敬以直內 義以方外]"라고 한 것을 조식이 특별히 중시하여 경의학(敬義學)으로 정립한 것을 말한다. '직내'는 경(敬)공부를 통해 진정성을 기르는 것이고, '방외'는 의리에 따라 외적인 일을 결단하는 것이다.

250 이 시는 김우굉의 『개암집(開巖集)』 권1에 「만남명선생(挽南冥先生)」이라는 제목으로 실려 있다.

251 판교공 묘갈명: 조식의 『남명집』 권2에 실린 「선고 통훈대부 승문원판교공 묘갈명 병서(先考通訓大夫承文院判校公墓碣銘幷序)」를 가리킨다.

252 외구(外舅): 장인 또는 외숙을 가리키는데, 여기서는 조식의 모친 인천이씨의 외증조부가 최윤덕이므로, '외증조부'라는 의미로 쓰였다.

253 최윤덕(崔潤德): 1376~1445. 자는 여화(汝和), 호는 임곡(霖谷), 본관은 통천이다. 무신으로 영중추부사를 지냈다.